U0111966

大展好書　好書大展
品嘗好書　冠群可期

大展好書　好書大展
品嘗好書　冠群可期

體育教材：3

板球基礎教程

劉靜民　主編

中國板球協會　審定

大展出版社有限公司

《板球基礎教程》

指導委員會

總　顧　問：張小寧
副總顧問：王立偉　崔志強
指導委員會主任：劉榮耀　王延梅
指導委員會副主任：鐘　民　張　閆
指導委員會委員：鐘國偉　張　天　胡愛礬　王　竹

編輯委員會

主　　編：劉靜民
副主編：孫建新　車立強　李　震
編　　委：郭衛紅　陳維剛　馬洪英　喻　梁　陳　迅
　　　　　葛　濤　田　軼　王占娟　王　卓　劉寧
技術顧問：Rumesh Ratnayake　Peter Manuel　柳平平
審　　閱：Islam Md Aminul　Ross Turner
圖片編輯：Rashid Khan　梁光華
模特球員：Islam Md Aminul　Rashid Khan　梅春花
　　　　　張宇飛　陳智發　許家斌　杜金龍
　　　　　趙　旭　李鵬飛　詹錦輝　房佳傑

Preface to basic cricket book in mandarin

I am honoured to contribute this preface to what is a marvelous book composed by Dr. Liu Jingmin of the Department of Physical Education, Tsinghua University. Typical of the work of so many in China, he has deeply studied a difficult subject and having learnt its fundamentals, he is sharing his knowledge for the benefit of many.

He has come to appreciate the game of cricket in the proper manner having been introduced it to by the Asian Cricket Council first as a coach, then as an umpire and now as a teacher. We are delighted to support this endeavour to spread 「the noble game」 of cricket in China.

As a series of duels between a batsman and a bowler, in a team context and in varying conditions, cricket is a game demanding as much skill, fitness and courage as most others and greater discipline, technique and intelligence than any. Success for the Chinese people in this sport is possible.

We believe cricket has a great future in China and those who grasp this book will truly find it to be one of 「the stones with which to cross the river」. The benefits of this great game await all those who take part in it.

Syed A. Ong

Chief Executive

Asian Cricket Council

序 一

　　能爲清華大學體育部劉靜民博士主編的《板球基礎教程》一書寫序，鄙人深感榮幸。對於板球這項運動，劉博士研究得頗深、知識豐富。在書中，他將與大家一起分享板球運動的樂趣與奧妙，並系統介紹板球運動的知識。

　　劉博士是在亞洲板球理事會（Asian Cricket Counil）將板球介紹到中國時喜歡上這項運動的——起初作爲教練，後來作爲裁判，現在作爲教師。我們非常樂意支援這一「紳士運動」在中國的推廣。

　　在擊球員與投手的博弈中，在球隊集體和其他環境下，板球運動不但需要技巧、身體素質和勇氣，而且比其他運動更需要紀律、技術和智慧。中國人很有希望在這項運動中作出突出成績。

　　我們相信，板球在中國大有前途。我們也相信，手捧這本書的人將會發現它的價值。偉大的板球將惠及所有參與其中的人。

亞洲板球理事會首席執行官
賽義德·阿什拉夫·哈克

序 二

　　當我們於 2005 年 9 月在北京舉辦第一期板球項目教練員裁判員培訓班的時候，所有的參與學員都對這項陌生的運動產生了強烈的好奇心。三年後，很多當年的培訓班學員經過不斷學習和實踐已成爲了現在板球運動的生力軍，這本書的誕生又爲今後中國板球訓練水準的提高奠定了基礎。

　　世界上排名前十位的板球強國，其中有四個在亞洲。因此，我認爲板球運動很適合在亞洲，尤其是在中國開展。板球運動更強調的是眼手協調能力，而這一點正是我們中國人的強項。曾經來華訪問過的國際板球組織官員和板球外籍教練無一不對中國孩子學習板球技術的速度之快表示吃驚。在板球運動推廣過程中，廣大青少年學生對它表現出了濃厚的興趣。目前，全國各地已有百餘所學校開展了板球運動。

　　此外，板球已成爲 2010 年廣州亞運會正式比賽項目，中國國家板球隊居時也將會出現在亞運會賽場上。我相信，由亞運會這個大舞臺，會有越來越多的中國人認識板球，瞭解板球，並最終喜歡上板球運動，這樣一本板球教材也會大有用武之地。

　　這本板球教程深入淺出地介紹了板球項目的規則、技術和戰術，非常適合當前中國板球運動發展的

需要，填補了中國板球運動訓練方面的空白。我相信，在我們板球界同仁的共同努力下，將會有越來越多的關於板球運動的書籍問世。我相信，在不遠的將來，中國板球運動也將走在世界的前列。

劉榮耀　於北京

前言

板球是 2005 年引進中國的一項嶄新的運動項目，發展迅速，三年的時間，已經在全國近 10 個省市 150 多所學校中開展了教學、訓練和比賽，並成爲了 2010 年第 16 屆廣州亞運會正式比賽項目。可以說，板球在中國的推廣是從學校開始的，是在大、中、小學中同時開展起來的。在各級學校的教學和訓練中，教師們非常希望有一本板球運動方面的教科書，全面系統地對板球運動加以介紹，用以指導全國各級學校的板球教學和訓練實踐。

《板球基礎教程》參考了國外板球訓練中採用的教學方法和訓練手段，針對中國學生的特點，總結了板球教學的經驗，創造出了適用於中國學生的教學方法和訓練手段。透過大量圖片和生動形象的描述說明，使學生能夠很快地瞭解並熟悉這項對中國人來說是新鮮的但在世界其他國家卻廣泛開展的運動項目。板球運動可以使學生的多方面素質得到提高，既可以掌握板球基本技術，又可以提高身體素質，培養板球精神、運動家精神。最終的目標是由教學和訓練，讓學生們參加板球比賽，進一步與國內外板球隊進行交流，由板球走向世界。

本書的作者都是我國最早開設板球教學課程的教師和從事板球訓練的教練員，是我國板球運動領域最早的探索者，從板球教學、訓練理論和實踐兩方面均

已積累了較多經驗和成果。一些作者還到國外板球先進國家學習、教練、裁判和運動科學知識等相關課程。具體分工如下：劉靜民編寫第一章、第四章、第七章和第二章的主要內容，車立強編寫第三章，孫建新編寫第五章，李震編寫第六章，郭衛紅編寫第二章第六節，陳維剛編寫第二章第五節，馬洪英、王占娟編寫第一章的部分內容和附錄，喻梁、陳迅、葛濤編寫第二章的部分內容，田軼編寫第六章和第七章的部分內容。全部技術圖片的選取由中國國家板球隊主教練 Rassid Khan 和香港板球協會的梁光華先生組織進行，他們付出了辛勤的勞動。

在本書編寫過程中，澳洲板球協會提供了許多板球運動資料。亞洲板球理事會發展官 Rumesh Rat-nayake 先生、澳洲板球協會的 Chris、斯里蘭卡板球協會的 Peter Manuel、上海第三女子中學教師柳平平等各位板球專家提供了指導和幫助，在此表示衷心感謝。尤其要感謝澳洲板協國際發展官 Ross Turner 先生，他花費了大量時間和心血對本書進行了審閱和修訂，還有亞洲板球理事會中國發展官 Islam MD Aminul 先生也對本書進行了審閱。中國板球協會劉榮耀秘書長和張天副秘書長對本書的編寫一直非常關注並積極幫助。香港梁光華先生對本書技術圖片的拍攝和編輯也花費了許多精力。

本書得以出版，還要感謝亞洲板球理事會主席 Huq 先生對本書出版熱誠的關心和大力資助。

編　者

目　錄

引言：板球精神

板球運動是從 16 世紀開始的運動項目，其發展至今已有四百多年的歷史，有著深厚的歷史和文化底蘊。板球比賽的規則與其他的運動項目有所不同，規則除了引導和指導一場板球比賽的正常進行這一本質特性外，還體現著板球運動自起源以來所蘊涵的文明社會所必備的優良品德和素質。

在板球比賽中時刻體現著對他人的關愛和尊重，以及消除種族主義、宗教歧視，樹立正確、平等的人生觀——這就是板球精神。它隨著板球運動的開展，由板球規則的詮釋傳播到世界各地。

尊重板球精神主要體現在以下方面。

1. 隊長對全隊的行為道德負有責任

在任何時間裏，隊長必須確保比賽在遵守比賽規則，尊重板球精神的前提下進行。如果球員不遵守裁判員的判罰，或以語言或行為批評裁判員的決定，或表示不滿意，或其行為對板球運動造成惡劣影響，當事裁判員必須立即通知另一名裁判員和球員的隊長，並要求隊長採取相應的措施。

2.比賽的公平性

裁判員是唯一有權裁決比賽是否公平的人。在任何時間，裁判員可以暫停比賽，在此情況下隊長需履行其職責採取相應措施。

3. 出現以下情況時裁判員有權干預

浪費比賽時間；破壞球道；危險及不公平投球；損壞比賽用球；任何被認為不公平的行為。

4. 隊員在比賽中要尊重的方面

對手；本隊隊員及隊長；裁判員；板球的傳統價值。

5. 以下情況被視為違反比賽精神

對裁判員的決定以言語、行動或手勢表示不滿；侮辱、謾罵對方及裁判員；做出欺騙或過分行為，例如：明知擊球手並未出局而進行上訴，在上訴時對裁判員咄咄逼人，用言語分散對方注意力，假裝表示關心，以不斷拍掌或不必要的噪音干擾對方。

6. 暴　力

在板球場內不許有任何暴力行為。

7. 球　員

隊長及裁判員須共同維護板球比賽道德標準，每一位運動員也應為此盡職盡責。此外，所有受到人們尊重的道德觀念在板球比賽中須同樣受到尊重，例如關愛、健康、安全、種族平等及信仰自由等。

板球比賽可以解釋為是在尊重和榮譽的框架內進行的運動，而裁判員就是調停賽場上出現的所有事情的最終法官，理應受到尊重。

因此，板球精神可以理解為——「尊重、正直、誠實、公平」。對於板球球員，可以把板球看做是榮譽、高貴和優雅的象徵。如果不符合上述原則，所有人都可以說：「這不是板球！」這是對所有板球場上出現的不公正和不公平所作的最好描述。

第一章

板球運動概述

第一節　板球運動簡介

一、什麼是板球

板球是一項在世界很多國家受到歡迎的體育運動，全世界有 100 多個國家開展板球運動。英國、巴基斯坦、印度、斯里蘭卡等國，甚至把板球看做是「國球」。每逢夏令時節，在澳洲、非洲、歐洲、亞洲等世界各地的板球傳統國家，都會掀起一陣打板球的狂熱。世界上還有成千上萬的人熱衷於觀看板球比賽。在板球世界盃賽期間，許多國家的電視臺都會直播板球比賽盛況。世界上板球運動的人口數不勝數，板球是很

多人最喜愛的運動。

那麼，板球是怎樣的一項運動呢？

板球，長期以來被人們稱為「紳士運動」，是一項崇尚「體育精神」和「公平」的運動。板球比賽看起來並不複雜，每隊 11 人，一隊為擊球方，另一隊為防守方。攻方球員為擊球員，比賽時兩人在場上，每人手握一塊球板，目標是擊球得分。防守方 11 名球員同時上場，1 人為投手，負責把球投中擊球員身後的三柱門，力圖將他淘汰出局；1 人為守樁員，負責把投手的球接住或傳回；其他球員為外場防守隊員，負責把擊球員打出的球接住，防止攻方得分。攻方的擊球局結束後，兩隊攻守對調。最後，兩隊得分較高的一方即為勝方。

因此，板球是一項以擊球、投球和接傳球為主的反映運動員綜合運動能力和有很強趣味性的競技運動。

二、板球運動的特點

板球一直以來被稱為「紳士的遊戲」，是一項優雅的運動，講究紳士風度。在英國，進入板球場觀看比賽的球迷都嚴格遵守著幾百年來的規矩：一跨進球場大門便須脫帽，意味著對球場上所有球員、裁判員和觀眾的尊重。比賽即使很激烈，觀眾們也只是溫文爾雅地鼓掌，輕言細語地評說，連喝彩聲也是整齊劃一的。這種紳士風度是任何競技性強的體育項目都無法比擬的。

上場的球員們也個個穿戴整齊，衣著統一。幾百年來，球員的裝束幾乎毫無變化，白色長褲、白色襯衣外加白色薄毛衣，鞋有時也是白色的，十分整潔和高雅。因為

都是「紳士」，比賽時，即使隊員拼命想贏球，但對待對手卻彬彬有禮。要是雙方有點衝突，也往往由一方先開個玩笑，將一切矛盾化為烏有，氣氛又變得平和寧靜。

三、板球運動的鍛鍊價值

板球除了有著高貴的板球紳士精神，也有著較高的鍛鍊價值。它是一項較量智力和技巧的運動，集趣味和健身於一體，具有較強的安全性、參與性和團隊協作性，講究戰術，沒有直接的身體對抗，而且易學習、易上手。由跑、跳、投、快速、準確等多種運動技能的鍛鍊，可以發展速度、耐力、力量、靈敏、平衡等多項身體素質。

因此，板球運動對培養人的綜合運動能力和身體素質很有幫助。此外，由於板球比賽是集體項目，獲勝需要整隊的共同努力，講究整體配合和互相補位，可以培養一個人的集體主義精神。還有尊重隊長、尊重對手、尊重裁判、尊重觀眾等要求，讓打板球的人變得更懂禮貌和尊重

別人，對青少年的人格培養十分有好處。

　　另外，板球經常被作為一個重要項目而成為國際上著名學校間文化交流的紐帶，從而備受世人的關注！

第二節　世界板球運動的發展概況

一、板球運動的起源

　　板球運動的發源地相傳是英國的東南部。有文獻記載，在 13 世紀英國的肯特郡，英王愛德華一世曾參與過類似板球運動的活動。

　　在英國牛津大學圖書館有這樣一幅畫：一名修道士打扮的人正在向另一個人投擲一球類物體，對面的人用一根木板狀的東西嘗試擊球，在擊球手後面有一個球洞，並沒有椿門。遊戲的主要目的就是投球手儘量接住球或者將球投入洞中。這一記載可能就是最早出現的板球運動的雛形。這項運動在 14—15 世紀仍然十分流行，目前國外大多學者公認這種當時在英倫三島廣為流行的遊戲就是板球運動的最初形

式。板球運動的英文名稱「cricket」，很可能是從當時牧羊人所用的手杖 cric 演變出來。

17 世紀，板球在英國已經相當流行，越來越受到人們的喜愛，板球俱樂部如雨後春筍般地建立起來。古代的板球往往無正規球場，而選擇在鄉下平整的草地上進行。比賽結束後，參賽者們便走進附近的小酒館切磋技藝，增進友誼，體現出了英國紳士彬彬有禮的風度。

二、板球運動的發展

板球運動是一項非常高雅且受到人們尊重的運動，主要在修道士、公學學校的學生中間流行。當時是鄉下紳士們最喜愛的體育運動，是一項崇尚體育精神和公平競爭的運動。板球和現代足球、橄欖球、曲棍球等都起源於英國，但英國只把板球看做是「國球」，在英國本土和英聯邦國家都很流行。在英國人心目中，板球不只是一種體育運動項目，而且是英國傳統文化的重要組成部分。

長久以來，英國公學一直積極推廣這項運動，英國公學的教育深深地影響著學生，王治君在《英國公立普通中學的課程設置特點》中介紹了英國的公立中學一直都將板球課作為學生首選的體育課

程。這些學校的學生畢業後，不少人成為律師、醫生、大學教授、工程師等中產人士，他們又成為板球運動的積極宣導者。大大小小的板球俱樂部成為一條紐帶，把有著相同的學校背景、不同職業的人士聯繫在一起。

英國在半個世紀以來的世界板球大賽上，成績十分優異。數百年來，板球比賽的規則積累得越來越多，細節多得幾乎數不清。這些繁文縟節的條條框框，使得板球特別富於英國紳士風味，符合強調尊重傳統價值的英國人，但也使得板球在英國的發展十分緩慢。到後來，隨著英國殖民地的不斷擴張，板球運動隨著英國殖民地開拓者的腳步逐漸傳到了北美、南亞、非洲等英聯邦國家。

在這些國家，板球運動發展十分迅速，並在發展中獲得了因地而異的名稱和規則，因此板球也被稱為圓球、城鎮球和壘球。19世紀中葉，美國人制定了自己的規則，並將這項運動正式稱為棒球，從此與板球分道揚鑣。

英國規則的板球至今仍在英聯邦地區盛行不衰，不僅是發源地英國民眾夏季最喜愛的運動，而且在印度也被稱為「國球」，還是澳洲、巴基斯坦、南非等國家最熱門的運動項目之一。在這些國家，民眾對板球的熱情完全可以與足球相媲美，甚至在有些國家還遠遠超過了足球。每個孩子心中都有自己喜歡的板球明星，而板球明星遠比其他體育項目的明星更加受歡迎。

雖然板球的打法十分簡單，但是一場板球比賽耗時相當長，短的大半天，長的甚至要好幾天，加上繁瑣的規則，致使目前除英聯邦國家外，其普及程度並非很廣，國際奧會也未將其納入奧運會比賽項目。

目前，世界板球運動的管理組織是國際板球理事會
（International Cricket Council，ICC），總部設在阿聯酋的
首都迪拜。亞洲板球運動的管理組織是亞洲板球理事會
（Asian Cricket Council，ACC），總部設在馬來西亞的吉隆
玻。

三、板球技術的演變

最初的板球在球道兩端並沒有樁門這樣的設置，直到
16 世紀前後才在蘇格蘭地區演變至兩個樁門。17 世紀，板
球在英國越來越受到人們的喜愛，板球俱樂部如雨後春筍
般建立起來，主要集中在肯特郡、蘇塞克斯郡、漢普郡、
米德爾塞克斯郡。隨著 1760 年在南部的漢普郡和 1800 年
在蘇塞克斯郡和米德爾塞克斯郡分別成立了漢普郡俱樂部
和馬利邦板球俱樂部，催生了板球的擊球和投球技術。

現代，隨著一日賽的誕生和發展，一些如快速得分、
高難度的接球方式和精準的投球等技術和戰術發展迅速，
使比賽充滿了懸念，精彩紛呈。板球技術的創新使得比賽
更加充滿活力。

四、板球比賽的賽制和重要賽事

常見的板球比賽方式有兩種。一種是試驗賽（Test
Match），之所以叫做試驗賽，是因為它被認為是對參賽的
隊伍體力的一種試驗和測試。這種比賽通常打五天，對陣
雙方均穿白色板球服，使用紅色賽球。

另一種是一日賽（One Day Match），也稱「有限輪比
賽」或「板球快賽」（Instant Cricket），隊員穿國家隊隊

服或自己隊的彩色隊服，使用白色賽球。此外，還有一級
賽和許多其他各種類型的比賽。

1. 試驗賽

板球試驗賽（Test cricket）是 1876 / 77 屆英格蘭對澳
洲巡迴賽之後的一種國際板球比賽形式。首屆試驗賽於
1877 年 3 月 15 日開始，規定每個投球輪投 4 個球。此次
試驗賽以澳洲勝出 45 分結束。

在兩隊第九次交手之後，英格蘭和澳洲之間舉行的板球
系列試驗賽被稱做為「灰燼杯」（the Ashes）。

這個有趣的名稱來源要追溯到 1882 年。當時英格蘭隊
敗於澳洲隊，這次失敗在全國引起了強烈的反響，幾天之
後，英格蘭《體育時報》在它的版面上發表了如下死亡公
告：「哀悼死於 1882 年 8 月 29 日的英國板球運動。它傷心
的朋友們注意：已故的板球運動遺體不久將火化，骨灰將
儘快運往澳洲……」

兩年後，英格蘭隊赴澳洲比
賽時獲得了勝利，但一群墨爾本
婦女卻把盛著板球門柱灰燼的一
座小而易碎的陶質骨灰甕交給了
英格蘭隊隊長帶回了英國。至
今，此罐仍保存在英國貴族馬利
邦板球俱樂部（即洛茲博物館）
的櫥窗裏，這就是有名的灰燼
杯。

這個小小的奇怪的板球賽獎

盃從來沒易過手，不管是誰勝了，它總是端坐在倫敦洛茲博物館的櫥窗裏，但在它的名下卻仍然組織了不少著名的板球比賽。每過兩年，英國人和澳洲人都要舉行對抗賽。

「灰燼盃」這樣的試驗賽有兩局，6 個有效球為一個回合，然後換投手。每個局裏要把 10 個擊球手都投出局，所以沒有回合限制，但是限制在 5 天內打完，否則為平局。最後計算兩個局的總分以決勝負。

截止到目前，全世界共舉辦了超過 1700 場試驗賽。自孟加拉於 2000 年首次登場參加 ICC 試驗錦標賽，成為最新獲得試驗賽資格的國家之後，參加試驗賽的成員也增加至10 個，它們是澳洲、英國、孟加拉、印度、紐西蘭、巴基斯坦、南非、斯里蘭卡、西印度群島和辛巴威。

2. 一級賽

一級賽（First Class Matches）是一種在天然草坪（相對於人工草坪）上進行至少三天以上的高水準國際或國內比賽。一級板球比賽的誕生時間以前認為是 1815 年，即拿破崙戰爭的尾聲，但近來提前到 1801 年。

一場比賽的級別取決於該場比賽中參賽隊伍的級別。所有試驗賽國家都可以參加一級比賽，無論是他們的地區、國家、省或郡隊。通常來說，只有在比賽雙方都是一級比賽級別的時候，該場比賽才能確定為一級賽事。因此，一場兩支試驗賽國家隊之間、ICC 完全會員國的國內隊伍之間，或一支試驗賽國家隊和另一支試驗賽國家的國內隊之間的比賽，都可以認為是一級比賽。試驗賽可以當做一級比賽，但一日賽除外。

3. 有限回合比賽

有限回合比賽（Limited Overs Cricket），也稱「一日賽」或「板球快賽」，由傳統的英式板球發展而來，用以提高比賽上座率。一日賽 1960 年開始出現，它所需時間較錦標賽短，場面則更為激烈。一日賽首場比賽舉行於 1971年。當英格蘭隊在澳洲巡迴時，一場試驗賽因雨終止，改為一日賽，從此便大受歡迎。一日賽中，每隊只有一個限定投球回合數的擊球局，在國際賽事中通常為 50 回合。雖然被稱做一日賽，但如果比賽因雨中止，將會延續到第二日。晝夜比賽通常會將比賽延續至夜間。使用彩色球衣，更為頻繁的賽事及更加注重比賽結果等創新使得一日賽更為激烈，令人緊張和興奮，因此擁有眾多支持者。

板球世界盃（ICC Cricket World Cup）是世界上最重要的一日國際賽的形式。1975 年誕生，縮寫為「ODI」（One-day International）或「LOI」（Limited-Over International），通常用以稱呼國際單日板球賽。板球世界盃的組織機構是世界板球理事會，每四年舉辦一次。板球世界盃是世界上第三大體育賽事，是板球界最重要的頂級賽事。第一屆世界盃於 1975年在英格蘭舉辦。2007 年 3 月 13 日到 4 月 28 日，第九屆板球世界盃在西印度群島拉開戰幕，共有 16 支隊伍進入決賽。首先是循環賽，然後進入 8 強賽、半決賽和決賽階段，最後澳洲擊敗斯里蘭卡，蟬聯冠軍。

4. 20 回合賽

板球運動還改良了一系列規則用來吸引更多球迷，以

「20/20」（Twenty 20）規則為例，由於這種比賽規定每局 20 回合，使得比賽異常短促，引起了極大的關注。ICC 於 2007 年 9 月在南非舉行了第一屆 20/20 比賽（ICC World Twenty 20），共有 12 個國家參加，比賽進行了 13 天。亞奧理事會於 2007 年 4 月通過決議，在 2010 年廣州亞運會加入板球賽事，比賽形式為 20/20。這將對提高中國人對板球的興趣和參與程度有極大幫助。

除上述比賽方式以外，還有為青年選手創造的「雙日」比賽等。甚至有些其他類型的特殊比賽會使用如沙灘或冰場等不同的球場。

五、世界著名板球運動員

在板球運動歷史上產生了許多偉大的板球運動員，這裏簡單地介紹幾位偉大的板球球員。

1. 多納德・喬治・布萊德曼爵士 （SIR DONALD GEORGE BRADMAN）

1908 年出生於澳洲的多納德爵士，是世界上公認的最偉大的擊球員。他從 1928 年開始參加試驗賽。在板球的擊球分析中，如果一位擊球員的試驗賽平均分為 50 分，則被視為一位很了不起的擊球員。史上只有 4 位擊球員每場平均分超過 60 分，其他三位的平均分均在 61 分以內，而多納德・布萊

德曼平均每場得分為 99.94，這個數字被認為是不可思議的。他還參加了其他板球一流賽事，創造了 452 分的世界紀錄。

他一生創造了許多試驗賽的輝煌戰績，同時，作為澳洲隊的隊長，他是澳洲獲勝的關鍵人物。1949 年被授予爵士，是澳洲僅有的因打板球而獲此殊榮的人。

2. 威廉·吉爾伯特·格雷斯
(WILLIAM GILBERT GRACE)

威廉·吉爾伯特·格雷斯（1848—1915 年）被譽為英國板球之父，他從事板球運動的年限和紀錄在 19 世紀是個奇跡。他從 18 歲開始比賽，不僅是個偉大的擊球員，還是個旋轉球投手。他在兩個方面的突出表現被公認為史上最著名的球員。首先，他發展了板球運動，創造了板球的現代版。他的高得分、淘汰擊球員的本事和聲譽吸引了大批運動員、球迷到板球場，讓很多鄉巴佬成為文化人。正是因為格雷斯的重要影響，使板球成為當時英格蘭夏季最受歡迎的運動。其次，他擔任英格蘭隊的隊長，得分紀錄在 35 年內無人能夠打破。當時曾有人這樣評論他：「他是一個天生的冠軍，精明的戰略家，是板球運動中最偉大的球員，很難找到一個像他這樣的人。」

3. 格菲爾德·掃伯斯爵士
(SIR GARFIELD ST AUBRUN SOBERS)

1936 年出生於西印度群島的格菲爾德·掃伯斯被認為是最好的全能球員。作為擊球員，他個人得分多達 8000

分，試驗賽平均分為 57 分，並且 36 年中共 365 局未出局。同時他也是一個可以用兩種相反方式投球的投手，慢速左手旋轉球以及快速飄球都十分犀利。更不用說他的優秀防守技術了，在任何一個位置都可以有高超的表現。

他是一個聰明機智、手段高超的隊長，對帶領全隊獲勝起到了重要的作用。1974 年他因打板球而獲得爵士頭銜，是另一個板球神話人物。

4. 羅伯特・格雷姆・波洛克 (ROBERT GRAEME POLLOCK)

1944 年出生於南非的波洛克是個擊球天才。按擊球平均得分排名，如果多納德・布萊德曼爵士不參加，那麼格雷姆・波洛克就是最偉大的擊球員。

試驗賽上，他在 41 個球局中得了 2256 分，平均每場得分 60.97 分，排名僅在多納德爵士之後。在他的職業生涯中，在一級賽上他得到了 20940 分，平均每場 54.67 分，64 個百分。他是南非最好的得分手。

5. 理查德・哈德利爵士 (SIR RICHARD HADLEE)

1951 年出生於紐西蘭的哈德利是最好的投手。他是紐西蘭最著名球員之一瓦爾特・哈德利的兒子，巴利和戴爾的弟弟，他們都是紐西蘭國家板球隊的成員。在理查德・哈德利的職業生涯中，他把快速投球技術發展到了極致。像多納德爵士是最偉大的擊球員一樣，哈德利是紐西蘭最偉大的投手和球員。

他在試驗賽上共得到 3124 分，淘汰了許多擊球員。

6.依米朗·可汗·尼愛茲（IMRAN KHAN NIAZI）

尼愛茲是巴基斯坦歷史上最有名望的板球球員。他1952年出生，是最好的全面手和最有洞察力的隊長。尼愛茲改變了巴基斯坦板球在世界上的位置，給他的國家隊帶來了極大的榮譽。作為一名球員，他試驗賽平均得分為37.69分，88場比賽126個球局共獲得3807分。作為巴基斯坦國家隊的隊長，他是一個精明的戰術策劃者，並且對巴基斯坦下一代球星的發展起到了關鍵的作用。他的傑出表現和影響力使他獲得一個雅號「巴基斯坦雄獅」。

7.謝恩·王（Shane Warne）

2007年剛剛退役的澳洲板球運動員謝恩·王是著名的旋轉球投手，被稱為「旋轉球之王」。當人們正在擔心「旋轉球藝術面臨從板球比賽中消失的危險」時，謝恩·

王賦予旋轉球以現代感，掀起了一陣旋轉球狂熱。

他有三點區別於以前的旋轉投手：一是他很少投出一個壞球；二是他使投手被充分理解，以前的 30 年內，多數投手相信他們的任務是無情地淘汰擊球員而不是有所創新，謝恩把驚喜變成了板球運動的時尚；三是他有著極強的適應能力，在各種局面時都能表現優異。因此，他被認為是板球歷史上最重要的旋轉球投手之一。

第三節　中國板球運動的發展概況

一、中國板球運動的早期發展階段

板球在中國最早出現的記載是在 17 世紀的澳門。澳門早在 1887 年淪為葡萄牙的殖民地，東西文化一直在此地相互交融。隨著西洋體育在澳門的進一步傳播，各種球類活動，包括板球等項目也進入澳門。關於板球運動，鐘啟韶在嘉慶二十一年（1816）遊歷澳門時留下《澳門雜事詩》十一首，其中一首有詩句曰：「築彼對座，走馬路橫窗戶劣。」「走馬」當指澳門夷人騎馬馳過。「築」何指？即指當時英人正盛行的板球運動。民國初年江兆塘有《拋球場》詩一首，稱「荷蘭園士兵房有拋球場」。中國人將早期傳入中國的球類統稱為「拋球」。江詩云：「昔有戲馬台，後世乃無聞。此地開廣場，蹦鞠亦占法，體育舒勞筋。」可見這一球場不僅用來打球，還可以「戲馬」。與鐘啟韶所記「築」「走馬」相合。這一中國最早的「板球場」在澳門出現，亦可推證 1816 年鐘啟韶所見之「築」當指板

ICC 和 ACC 主要領導與中國板協主要領導會面

球。可以反映至少在 19 世紀初，澳門就有了板球運動。

　　在香港，自 1842 年「開埠」成為英國殖民地後，英國人把他們熱愛的板球運動（香港稱為「木球」）帶到香港。1851 年，香港木球會（Hong Kong Cricket Club）成立，成為首批英國本土以外的板球會，球場建於中環旺地遮打道，可見英國人對板球的重視，現已遷址到南區黃泥湧峽道。

　　近代以來，最先參與板球運動的中國人應該是孫中山先生，他當年在香港西醫書院學醫（香港大學前身），課餘跟他的恩師康德黎博士打板球，康博士還透過板球給孫先生傳輸西方民主、英國議會制度、政黨輪替等理念。

二、現階段中國板球運動的發展狀況

　　板球是一項歷史悠久、極富文化底蘊的運動，但是在

中國尚處於起步階段，中國於 2004 年加入國際板球理事會與亞洲板球理事會，並於同年成立中國板球協會（Chinese Cricket Association, CCA），開始在中國全面開展板球運動的推廣、普及工作。對於在中國開展板球運動，無論是國家體育總局、中國板球協會，還是亞洲板球理事會都信心十足，國家體育總局小球運動中心就是否在中國開展板球運動曾進行了長達一年的考察，最後認定板球是一項對技術需求較高的運動，它沒有直接的身體對抗，並講究隊伍合作，適合中國人開展。

隨著中國體育在國際體壇的地位不斷升高，國際板球理事會和亞洲板球理事會一直積極推動板球「落戶」中國。亞洲板球理事會首席執行官阿什拉夫也表示，中國板球運動的前景非常美好，如果發展得快的話，中國將會在 15 年到 20 年後有機會角逐板球世界盃的冠軍。

為了推廣板球運動，從 2005 年 9 月開始，世界板球協會、亞洲板球聯合會與中國板球協會共同開始了板球運動在中國的推廣工作，開始舉辦教練員和裁判員培訓班。本著讓板球運動率先在校園紮根的精神，培訓班成員主要來自各級學校的教師和教練員。在培訓班裏，學員們分別學習了板球運動的基本知識、基本規則、器材、板球基本技術（投球、擊球、傳接球、守樁等）、板球策略及場地位置佈局、板球比賽上通用的板球規則、板球裁判員必備的基本素質以及在賽場上如何執裁等知識。培訓班的導師分別來自澳洲、斯里蘭卡、印度以及巴基斯坦等國家，多數為前著名板球運動員和試驗賽裁判員，具有豐富的國際大賽經驗。導師們非常熱誠地先對學員們進行板球知識「掃

盲」，然後進一步從技術上幫助學員加以提高。培訓班分
為兩個階段：前一個階段的介紹性課程，為板球教練員和
裁判員基礎課程學習；第二個階段為提高班，正式教授如
何作為一名板球教練員教授板球運動和做一名裁判員執法
正式板球比賽。在提高班學習結束後，所有學員進行了正
規的板球課程考試，考試合格者獲得亞洲板球理事會和小
球管理中心認證的一級教練員與裁判員證書。

　　首期培訓班的學員分別來自北京、上海兩地的 30 餘所
大、中、小學，其中包括北大、清華、復旦、同濟、北京
體育大學等高等學府。2006 年 2 月，首批培訓班 30 位教
練員和裁判員通過在昆明的培訓和考試，獲得了亞洲板球
協會的官方認證證書。學員們回到校園後，都以開設板球
課、組織板球隊以及成立興趣小組等方式開展了工作。其
中，清華大學於 2005 年 10 月份正式在本科生中開設了板
球課程，成為中國最早開設板球課的學校之一。其他學員
也都陸續在各自的學校開設了板球課。

　　從 2006 年至 2008 年間，中國板球協會在亞洲板球理
事會的幫助下，組織了第二、三、四期板球培訓班，共有
來自北京、上海、廣東、遼寧、天津和重慶等省市的 140
多名教練員和裁判員取得了資格證書，在全國 100 多所學
校中開展和推廣板球運動。

　　為了鼓勵各所學校的開展熱情，提高板球競技水準，
2006 年和 2007 年中國板球協會舉辦了第一屆和第二屆全
國板球錦標賽。比賽分為 A 組（男子高中和大學組），B
組（男子初中組）、C 組（小學組）和 D 組（中學和大學
女子組）進行。女子組被單列出來，反映了中國板球協會

中國首期板球教練員、裁判員培訓班合影

2006 年全國板球錦標賽

對女子板球的重視，有助於板球在中國的普及。第一屆全國比賽共有 37 支隊伍參加。第二屆全國分為四個賽區先進行分區賽，各組第一名到北京參加總決賽。中國的板球裁判員們經受住了考驗，在執裁過程中表現出色，經驗逐漸豐富，湧現出了一批優秀裁判員。

當比賽中出現了培訓班中並未學習到的一些情況時，裁判員進行積極的交流，確保每個判決結果準確無誤。在每天比賽結束後，聚到一起進行商討和總結，更深刻地領會裁判精神。帶隊參賽的教練老師們互相學習，總結每場比賽中的不足，比賽一場比一場精彩。

值得一提的是，在中國板球協會的指導下，裁判員們還學習了記分，很多裁判員們已經能夠獨立完成記分工作。隨著比賽組織經驗的豐富，教練員和裁判員們的水準

中國男子板球隊參加 U15 挑戰杯合影（2006）

中國女子板球隊（2007）

中國板球協會主席張小寧與亞洲板球理事會總裁哈克先生

中國板球協會秘書長劉榮耀主持 2007 年全國板球錦標賽

提高很快，全國板球比賽也變得越來越規範。

中國男子板球國家隊於 2006 年 12 月份首次參加在泰國舉辦的亞洲板球理事會 U15 挑戰杯的比賽，便戰勝了緬甸隊，取得了不錯的成績。中國女子國家隊於 2007 年 7 月前往馬來西亞參加亞洲板球理事會女子錦標賽，成功打入半決賽，取得了第三名的成績。

第四節　板球器材、場地設備和常用術語

一、板球器材

1. 球

板球的球是由實芯軟木外加兩塊或四塊皮包著縫合而

成，縫合位置叫線縫。板球有紅色、白色、黃色、橙色等。板球的圓周是 22.86 公分（9 英寸），重量大約 163 克。

白天比賽多數用紅色板球，而晚上比賽則用白色板球。

2. 球　板

球板為實心柳木製成，質地堅硬。品質較好的球板是用英國或喀什米爾的柳木製成。球板不能長過 96.52 公分（38 英寸），不能寬過 10.8 公分（4.25 英寸）。球板的擊球面可以有一層防護膜，起保護和增大擊球力量的作用。這層膜的厚度不能超過 1.56 毫米，並且不能對球造成破壞。

3. 護　具

擊球員可選穿戴手套、護腿墊、護髖、護體、頭盔、護胸、護肘、護腕和釘鞋。靠近球道的防守隊員能穿戴護腿墊、護胸和頭盔，但不能戴手套。守樁員可穿戴護墊、頭盔和雙層手套。

二、場地和設備

1. 比賽球場

　　板球比賽是在圓形或橢圓形的草地上進行。球場面積的大小通常以大約 64～68.6 公尺為半徑畫一個圓形為邊界。內場面積是 30 公尺為半徑。中間有若干條長方形的球道並排排列在球場的中央。

2. 球　道

　　板球場地會因不同球場而大小略有不同，但在場地中央的長方形球道的尺寸卻是固定的（見圖）。

　　球道為壓得非常平整的土質地面，長 20.12 公尺，寬 3.05 公尺。兩端分別放置一組三柱門。三柱門擺放的位置在投球線上，平行於投球線在三柱門前 1.22 公尺的線是擊球線，距離三柱門中央 1.32 公尺的兩條平行線稱為返回線。

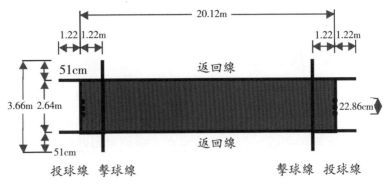

板球球道規格尺寸示意圖

在中國的板球比賽中，可根據實際情況使用不同材質的人工球道。如塑膠球道，適合在人造草皮球場的中央鋪設，球道上面有已經畫好的擊球線和投球線等。還有人造草皮的球道，適合放在土質地面或人工草皮地面等。

3. 三柱門

在球道的兩端會分別放置一組三柱門，兩組三柱門的距離是 20.12 公尺（22 碼）。

三柱門由三支柱及兩小橫木置於頂上構成，高 71.11 公分，寬 22.86 公分。三根圓柱形的木柱被錘打進球道裏，外加兩條橫放在圓柱上的小橫木就組成了三柱門。豎立的球柱離球道表面 71.1 公分（28 英寸），為一個柱體。每柱直徑不能少於 3.49 公分（1⅜ 英寸）及不多於 3.81 公分（1½ 英寸）。

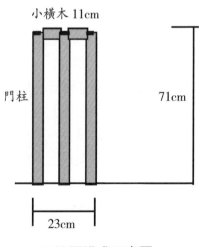

三柱門構成示意圖

小橫木長約 11 公分，具體尺寸見下面詳細說明。

a　　b　　c

	高　　級	初　　級
小橫木全長	10.95cm(4 5/16 英寸)	9.68cm(3 13/16 英寸)
a 長頭	3.49cm(1 3/8 英寸)	3.18cm(1 1/4 英寸)
b 中體	5.40cm(2 1/8 英寸)	4.60cm(1 13/16 英寸)
c 短頭	2.06cm(3/16 英寸)	1.91cm(3/4 英寸)
門三柱高度 d	71.1cm(28 英寸)	68.58cm(27 英寸)
門柱直徑 (e) 最大值	3.81cm(1 1/2 英寸)	3.49cm(1 3/8 英寸)
最小值	3.49cm(1 3/8 英寸)	3.18cm(1 1/4 英寸)
三柱門的總寬度	22.86cm(9 英寸)	20.32cm(8 英寸)

三、板球常用術語

球局：擊球隊所用的擊球時間或回合數。

回合：每投 6 個好球為一個回合。

擊球員：分別站在球道兩端擊球線內，負責保護好樁門而不被淘汰出局和擊球為本隊得分。

投手：目標是把球投中擊球員身後的三柱門，使擊球員淘汰或少得分。投手每回合須投出六個好球，如果投出寬球或無效球需重投。

守樁員：防守隊有一名隊員站在擊球端的三柱門後負責接球，為專職守樁員。守樁員需要把擊球員未擊到的球接穩，接球淘汰擊球員，是唯一可戴手套的防守隊員。

　　防守隊員：除投手和守樁員，其餘九名防守隊員，圍繞球道站位。任務是把擊球員打出的球直接接住，令擊球員出局；或將球截停，防止球滾出邊界；或將球儘快傳給守樁員或投手來阻止擊球員得分。

　　跑分：擊球員最常用的得分方法。把球擊出後，球未出界，球道兩端的擊球員，互相跑過對方的擊球線便可得一分。

　　四分球：球被擊球員擊出滾出或彈地出邊界，擊球隊便可得四分。

　　六分球：擊球員將球擊出，球沒有接觸過地面飛出邊界，擊球隊便可得六分。

　　無效球：投手的前腳跨越擊球線，或後腳踏著返回線，或球沒有彈地而高過擊球員的腰，或球反彈後高過擊球員的肩，或球是滾地球，或彈地多過兩次，或投手的手臂彎曲，都為無效球。

　　寬球：投手投出的球偏左或偏右，超出擊球員正常的揮板的範圍，而擊球員的球板與球沒有任何碰觸，裁判員便可判此球為寬球。

　　淘汰：擊球員可能被十種方式淘汰出局，被淘汰的擊球員由新的擊球員代替，直到沒有新的擊球員上場，比賽結束。

　　申訴：防守隊員向裁判員喊出來或聲明擊球員將可能被淘汰。只有擊球員可能被淘汰時防守隊員才能問：「怎麼判？」或「淘汰不淘汰？」（How's that？）

　　賽場：指邊界線內的所有範圍。

　　中央賽場：指球場內一塊特別準備的區域，比賽的球

道在其內。

球道：比賽中使用的一塊特定區域，在其表面進行投球和擊球。

擊球員身前和身後：如圖所示。

擊球員區：在球道的兩端，擊球員一方擊球線之後的整個範圍。

守樁員　右手擊球員

身前（off side）　身後（on side/leg side）

投手　裁判員

樁門：通常指三柱門，由三根長條木棍豎直釘在地上構成，上面有兩條小橫木，球道兩邊各有一個三柱門。

比賽器材：指球板、賽球、三柱門及小橫木。

擲硬幣：用以決定開局，由裁判員主持，雙方隊長參加。

開賽前：指擲幣前的任何時間。

比賽中：指擲幣後直到比賽結束前的任何時間，不論比賽是否進行。

這不是板球：當賽場上發生某種行為不符合板球精神和傳統價值，按照板球規則不能接受時，這就被稱為「這不是板球」。

第二章

板球技術

第一節 板球技術概論

板球技術是板球運動中最重要的內容。由於板球運動的歷史悠久，經過長期的發展演變，與其他運動項目相比，板球運動的技術特點鮮明，技巧種類繁多，技能獨特，是一項對技術要求很高的運動項目。板球運動的各項技術，包括擊球、投球和防守等等，都很重要，沒有哪一項技術優先於其他技術，因此在板球技術的學習和掌握中，各項技術同等重要。

有些教練們認為，首先應當教擊球技術，以培養學生們對板球的興趣，因為擊球是板球運動中最有意思和令人享受的部分。實際上，擊到球時確實會有一種刺激的感覺，但是，投出一個漂亮的好球直接淘汰對方擊球員時，投手也同樣會獲得一種美妙興奮的感覺。作為防守隊員，乾淨俐落地接住一個高球將擊球員淘汰，或者快速準確地把球回傳給守樁員砸樁讓對方擊球員出局，也會體會到如此好的感覺。因此，擊球、投球和防守技術，都是十分重要的基本功，在開始學習階段，都要認真講解和傳授。在實際教學中，可以將三種技術穿插教授，結合起來練習。

通過適當的基礎技術學習階段，就可以進入比賽階段。

由比賽，不僅可以讓學生們真正懂得板球運動，體會板球運動的樂趣，還可以檢驗學生基本技術的掌握情況，對進一步學習和提高各種技術很有幫助。

此外，每一種技術中的學習和掌握中會涉及到一些基本力學原理，如穩定性、平衡性和直線性，如果能夠將這些原理與實際技術動作練習相結合，將有助於既好又快地掌握各項技術。

一、板球技術分類

板球技術可分為傳球技術、接球技術、投球技術、擊球技術、守樁技術、樁門間跑動技術等。

傳球技術根據距離不同可分為近距離傳球和遠距離傳球兩種，根據傳球方式又通常分為下手傳球、上手傳球以及交叉步傳球三種。

下手傳球常用於近距離傳球，上手傳球常用於中遠距離傳球，而交叉步傳球常用於遠距離傳球。

接球技術按距離可分為近距離接球、遠距離接球，按來球的位置可分為接地滾球、接反彈球和接高空球，按接球方式又可分為低位接球、肩位接球和高位接球。

投球技術一般分為快球和慢球兩種。快球包括基本快速投球（Fast bowling）、內飄球（In-swing）、外飄球（Off-swing）、內切球（Leg-cutter）、外切球（Off-cutter）；慢球通常是旋轉較強的球，包括用手腕轉球（Leg-spin）、手指轉球（Off-spin）、曲線球（Googly）、浮球（Floater）、上旋球（Top-spin）、迴旋球（Reverse）等。

　　擊球技術按目的可分為進攻性擊球和防守性擊球，進攻性擊球又分為前跨擊球（Front foot drive）、切球（Cut shot）、拉球（Pull shot）、鉤球（Hook）、橫掃（Sweep）、後跨擊球（Back foot drive）、後掃（Leg-glance）等，防守性擊球包括前跨防守（Forward defence）和後跨防守（Backward defence）；按擊球線路的不同，可分為直線擊球（Straight-drive）、斜前方擊球（Off-drive）、斜後方擊球（On-drive）、中前方擊球（Cover-drive）等。按擊球腳的運動方向不同，可分為前跨擊球和後跨擊球，前跨擊球包括前跨防守、各種線路的前跨擊球、橫掃等；後跨擊球包括切球、拉球、鉤球、後跨防守、後掃等。

　　守樁技術是守樁員專門技術，根據投手投出的球的速度不同，技術上也要求不同，分為站位較近的守樁技術（適用於慢投手）和站位較遠的守樁技術（適用於快投手）。

　　樁門間跑動技術是每個擊球員需要掌握的特有技術，不僅要掌握跑動時的各項技術要求，還要練習兩名擊球員之間良好的配合能力，也是必須掌握的基本技術。

二、板球教學方法和步驟

(一)教學方法

　　在板球教學中，針對不同年齡段的學生、不同特點和不同數量的學生，可靈活採用三種不同的教學方法：遊戲（G. A. M. E）教學法、刺激（S. P. I. R）教學法和大班教學法。

1. 遊戲（G.A.M.E）法

主要適用於中小學生的板球課教學。教師透過創造輕鬆的學習環境，使青少年學生的板球教學儘量像遊戲一樣有趣，使學生們在提高板球技能的同時，還能享受板球學習的過程，獲得快樂感受。為了達到這個目標，可以採用以下4步教學方法。

第一步：遊戲（Game）

（1）說出遊戲或運動的名稱；

（2）將此項遊戲或運動給學生們做表演示範或解釋，讓他們的頭腦裏對動作要領和遊戲過程有一個清晰可見的畫面；

（3）說明判定勝負或得分方法；

（4）儘快進入運動練習（遊戲）狀態。

第二步：評價（Assess）

（1）觀察每個學生對動作要領和遊戲規則的有效掌握程度，看他們是否明白了遊戲方法；

（2）對學生的運動表現能力、自我判斷和反應能力做出評價。

第三步：改善（Modify）

（1）技能示範指導——遊戲過程中，不斷幫助學生，必要的時候把學生單獨拉出來，對其進行個別輔導；

（2）自我決定能力——儘量不要為學生提供解決問題的措施，而是由提醒或提出引導式的問題，激勵學生自己尋找並採取解決問題的辦法；

（3）遊戲難度調整——確保教的主要技能在遊戲中起主導作用，如果遊戲很明顯不具挑戰性也不難，則需要做一些必要的修改，以使學生有效地進行練習。

第四步：鼓勵（Encourage）

（1）對學生的努力表現及時進行表揚獎賞；

（2）對學生的成功表示認可。

2. 刺激（S. P. I. R）法

大學生和高中生學習動機明確，理解能力較強並有自我約束能力，指導這些學生初學某個動作技能，採用刺激教學方法更為有效。教學方法分為 4 步。

第一步：示範（Show）

（1）說出動作名稱；

（2）先把整套動作示範一遍；

（3）說明動作要點時再示範一遍；

（4）每次要點說明不要超過三條；

（5）問學生們有沒有什麼問題；

（6）最後，讓學生們仔細看動作要領，再示範一遍。

第二步：練習（Practice）

（1）示範完後，立即讓學生們進行練習；

（2）學生們模仿教師剛才示範的動作；

（3）整套動作練習；

（4）教師對動作不規範的學生進行個別輔導。

第三步：指導（Instruct）

（1）觀察每個學生練習 15 至 30 秒；

（2）重申動作要點；

（3）進行動作指導，糾正錯誤。

第四步：誇獎（Reward）

（1）對學生的努力及時誇獎；

（2）對學生的努力表示滿意；

（3）認可每個學生的努力。

3. 大班教學法（Group teaching）

　　隨著學生上體育課的人數增多，一個教師不得不同時教 30～50 名學生。對這些人數眾多的板球初學者可以採取大班教學的方法，作為他們將來進一步從事板球訓練的基礎。大班教學由於多人在一起運動，從而使得更多的孩子、青年人乃至成年人可以分享到這項運動所帶來的愉悅。

第一步：教師示範

教師示範正確的擊球、投球和防守等板球基本技術方

法。

第二步：學生分組練習

學生們參照教師的示範，結合自己事先學習板球各項技術的有關內容，運用正確的動作來完成不同的板球技術練習。

第三步：解決疑難問題

為了建立並培養學生的興趣，教師必須適時地引出疑問。對於這些疑問，教師不僅要正確地做出回答，還要證明這種動作的好處，並解釋其中的道理（假定教師已經仔細學習並領會了所有有關板球運動的全部細節）。

投球方法紛繁複雜，擊球方法千變萬化，好的防守和傳球更是一門藝術，教師必須時刻準備好回答學生提出的各種各樣的問題。

第四步：合理安排教學

為了保持住學生們的興趣從而完成整個教學過程，教師一定要計畫好課程安排，在講授時做到耐心，不時地鼓勵隊員且具有良好的幽默感。教師需要不時地轉換練習科目以避免讓學生們進行某一項活動過久，否則他們的興趣和注意力會很快降低。有多種方法可以維持學生們的興趣，例如，可以在教擊球時加入一段投球技術，也可以有指導地進行防守訓練並加入正確的接球訓練，諸如此類的方法都可以達到較好效果。在場地練習時讓所有人都有事可做是十分重要的。有時教師很有必要組織類似的練習，尤其是當他要進行單獨輔導，或者發現學生似乎沒有明白前面的講解時。每次教學時都應該練習投球，但是不能投得過久。過度投過球後會很疲倦，導致對板球的興趣也會

開始消退。一個好的教師應把課堂教學活動組織得很好，還應當有預案，以便在緊急情況出現時，能讓學生們自己活動起來。儘管教學時的紀律需要嚴格，但也應該活潑放鬆一些，否則學生們很容易分散注意力，那樣學生就無法在課上始終保持注意力集中，從而影響到教學課的效果。

(二)教學步驟

1. 開始部分

開始部分主要是由教師集合學生後，介紹教學內容，然後進行熱身活動，讓學生們的身體準備進入運動狀態，防止受傷。有多種熱身方法，例如慢跑和伸展運動等，最受歡迎的往往是一些小遊戲。無論用哪一種方法，重要的

是讓學生能養成一種由熱身逐漸進入運動狀態的好習慣。熱身時間一般不超過 10 分鐘。每次課可採用不同的熱身方法，有助於提高教學效果。

2. 專項準備活動

使用板球器材可以做一些專項準備活動，如用球板掂球、各種控制球練習、各種基本板球技術的接力比賽等。時間控制在 10～15 分鐘。

3. 基本教學部分

這一部分是每次教學課的重點內容，要根據當次課所學內容運用適當的教學方法進行教學。包括教師講解技術要領、準確示範，學生徒手動作模仿、分解動作練習、實踐練習、教學比賽等。教師在學生練習時注意糾正錯誤和個別指導，每隔 20 分鐘左右集中進行一次小結，強調技術學習要點。可以在最後 30 分鐘安排教學比賽，如 6 人賽、8 強賽、板球雙人比賽，教師可對比賽中出現的經典場面進行分析講解。總計時間為 60～70 分鐘。

4. 結束部分

如果當次課的運動量較大，不要突然終止運動下課，最好讓學生做幾分鐘的整理運動。在課程結束時，教師要根據課上學生的表現進行小結。對學生的優點進行表揚，對學生的努力做出肯定。讓學生評價自己今天的課堂表現，並和老師一起討論、計畫如何提高。

此外，還應適當佈置課下練習作業。

三、板球教學場地和器材

1. 教學場地

板球的教學場地沒有限制，可以在任何平整的運動場地上進行，如田徑場、足球場、棒壘球場、手球場，甚至籃球場、排球場、旱冰場等。但是，要儘量選擇有邊網或擋網的場地，這樣可以更方便地練習投球和擊球，也會使教學安全性有保障，教學活動更容易安排。

標準的板球教學比賽場地，應該是不小於足球場面積大小的平整的草皮球場，四周有擋網。球道（地面）最好平整、軟硬度適合，不能有浮土和小石子，否則這些會對板球各項技術的練習都有較大影響。

有條件的學校，還可以修建專門的擊球和投球練習網，可以使用鐵網或繩網編織成立體的練習球道，至少20公尺長、3公尺寬、3公尺高左右。

2. 教學器材

板球的器材有兒童、青少年、女子和成年男子多種規格，根據教學物件的不同，器材使用要做出適當調整。對於年齡較小的學生，如小學生和國中生，應使用塑膠器材；高中生和大學生可以使用青少年或成人木質器材。如果使用木質器材，一定要佩戴好相應的保護裝備。

（1）球　板

不合適的球板會影響學生擊球技術的掌握，甚至會降低學生對板球學習的興趣。因此，針對不同年齡的學生，

塑膠球板

木質球板

塑膠球和硬球

選擇大小和重量合適的球板是很重要的。在選擇球板的時候，一個通常的方法是看看握住板柄部時能否舒服地揮動和控制球板。對於小學生來說，使用輕一點的球板會比使用過重的球板好得多，而對於身材較高的大學生來說，則不要使用過短過輕的球板。

（2）球

對於小學生來說，無論是在教學課還是訓練中，甚至是「比賽」中，都可以使用非標準尺寸的板球。使用比標準尺寸小的球（如網球）有助於小學生對投球技術的學習和掌握。對於中學生和大學生，開始學習階段可以使用塑膠球，主要是從安全角度考慮，同時不影響板球各項技術的學習。在正式比賽時，中學和大學都應使用正式的板球（硬球），女子比賽可以使用比男子用球稍小和輕一點的球。

（3）椿 門

椿門作為投手和防守隊員瞄準的靶子，在板球教學和訓練中有著非常重要的作用。塑膠椿門由於組裝和放置十分便利，是板球教學中的首選。木質椿門適用於土場地和

塑膠椿門　　　　　木質椿門　　　　　球托和球

天然草皮球場，主要是在比較正式的比賽中採用，並且在安裝時技術要求較高。

（4）球　托

這是一個在教學中十分有用的輔助器材，既可以在練習擊球時擺放球用，也可以作為標誌物佈置練習場地。在教學當中，若干數量的球托是十分有用的器材。

（5）護　具

在使用硬球訓練或比賽時，擊球員和守椿員要穿戴護具以保證安全性，不會造成傷害。這些護具通常由重量較輕的合成材料製成。護腿要尺寸適合，太小不能起到足夠的保護作用，太大則不便於靈活移動。守椿員的護腿比擊球員的護腿要小一些，保護好踝關節和膝關節即可。護體是男球員保護睾丸不被投球傷害到，也是必不可少的護具之一。

（6）擊球員手套

擊球員佩戴的手套要保證能舒適地握板。除了保護手不被球碰傷外，還要保證球板不會從手中滑落出去。

（7）守樁員手套

守樁員負責把投手投出的球接住，守樁員手套在手掌部位較厚較重，在食指和拇指之間有橡膠相連。在裏面佩戴一副白色純棉手套也會增加保護作用。

（8）頭　盔

通常由堅固而又重量輕的玻璃纖維製成，用於保護頭骨和面部免受傷害。強烈建議在使用硬球進行訓練和比賽時，無論是擊球員還是守樁員都要佩戴頭盔。頭盔前面的金屬網可以保護面部，一定要調整尺寸使擋網與頭盔之間的空隙小於球。

（9）其他輔助器材

球桶（球袋）：每次教學結束後將球收到球桶或球袋中可以有效防止球的丟失，還可以用在投球強化練習和遊戲教學中。

擊球員護腿　　　守樁員護腿　　　護　體

擊球員手套　　　守樁員手套　　　頭　盔

四、板球技術生物力學原理

在對板球各項技術進行學習和分析之前，要先掌握這項運動中涉及到的一些科學原理，這些基本力學概念和原理對提高板球教練員和學生的各項技巧學習會有很好幫助。

1. 平衡性原理

平衡性指運動員可以完全控制身體，保持良好平衡能力，不是搖動或者不停地調整重心。平衡分為兩種：靜平衡和動平衡。靜平衡指有一個堅固穩定的基礎，動平衡指在運動中能控制好身體，隨時保持平衡的能力。

身體任何部位做遠離重心的運動都會影響到平衡。重心垂直線落在支撐面以外，身體就會失去平衡。身體失去平衡時，必須要做出相應動作和依靠反作用力重新調整重心以達到平衡。

2. 穩定性原理

穩定性指堅固穩定的站位，而不輕易移動或改變現有位置。身體重心的垂直線落在支撐面以內身體就會保持穩定。基礎穩定才會產生最大的發力效果。一個穩定的基礎可以確保眼睛盯緊目標，視界清晰，產生作用力維持身體平衡，身體力量能高效地轉移到球板或球上。

如擊球時，站姿要求身體重心放在兩腳中間；前腳上步時使支撐面變寬，重心變低，基礎穩定，可以確保擊球動作的完成和發上力；揮板擊球要保持在一個垂直平面

內，腳底支撐面的朝向與發力方向成一條直線。重心越低，穩定性越好。

3. 直線性原理

一名好的板球運動員會讓身體重心對準目標移動，沿著目標直線運動才會使體內力量最大程度地發出來以及更好地控制身體穩定。

如投球時，助跑時保持身體沿著目標方向運動是非常重要的，非投球手臂向著目標伸出和直線下拉，球靠近身體，肩膀對準目標垂直轉動，都可以最有效地發力和控制好球的出手方向。

擊球時，調整好身體姿勢保持與來球方向一致是很重要的，這樣可以確保揮板時在垂直位置擊球，可以用最大的力和最好的控制方向擊球。在向後揮板到最高點後，肩膀開始向前轉動。前面的肘部要與胳膊在一個平面內，向前面的目標伸出。板面朝向擊球方向。整個身體姿勢保持與擊球目標的直線性。

第二節　傳　接　球

一、傳接球技術概述

接球和傳球是防守中最基本的技術，也是板球運動運用最多的技術。好的接球可以直接把空中球接住從而淘汰擊球員，也可以阻止進攻方獲得更多的跑分，加上良好的傳球技術，就會為防守方贏得寶貴的時間，創造更多淘汰

對方擊球員的機會。

接球技術通常分為近距離接球、遠距離接球、接地滾球和接高空球四種。按接球時手的位置，可分為低位接球、肩位接球和高位接球三種。傳球技術通常分為下手傳球、上手傳球以及交叉步（烏鴉跳）傳球三種，下手傳球常用於近距離傳球，上手傳球常用於中遠距離傳球，而交叉步（烏鴉跳）傳球常用於遠距離傳球。由於在學習接球技術時往往需要有傳球技術作為前提，因此，本節將接球和傳球技術的學習和練習放在一起。

二、熟悉球性練習

在學習傳接球技術之前，熟悉球性的練習很重要。學生經由對控球和接球能力的練習，增加手和身體對球的感覺，對下一步接球和傳球的學習很有益處。下面介紹一些單人接控球和雙人接控球的練習方法。

1. 單人接控球練習

器材：每人 1 個球（塑膠球或網球）。

練習方法：

（1）扔下落球並接住：單手持球，手臂向前平伸直，球向下，放手，然後迅速抓球。（圖 2-2-1）

（2）扔下落球、手繞球一周並接住：動作同上，球下落後，手繞球一周，然後再抓球。（圖 2-2-2）

（3）扔下落球、拍手並接住：動作同上，球下落後，拍手，然後再抓球。（圖 2-2-3）

圖 2-2-1　扔下落球並接住示意圖

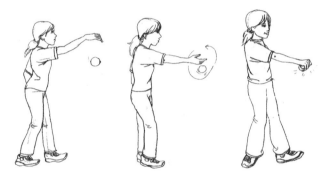

圖 2-2-2　扔下落球、手繞球一周並接住示意圖

圖 2-2-3　扔下落球、拍手並接住示意圖

（4）用膝蓋觸下落球：讓球下落，用膝向上頂球，在空中用雙手接住，兩膝換著練習。（圖 2-2-4）

圖 2-2-4　用膝蓋觸下落球並接住示意圖

（5）上臂反彈並接住：持球屈臂上舉，放手讓球下落，然後用上臂向上彈球，再接球。（圖 2-2-5）

圖 2-2-5　上臂反彈並接住示意圖

（6）球繞體：單手抓球，繞腿、腰、上身、頭等身體各部位，兩手傳接球。（圖2-2-6）

圖2-2-6　球繞體示意圖

（7）接從頭頂滾落球：把球放在頭頂，待其滾落下時用手接住。（圖2-2-7）

圖2-2-7　接從頭頂滾落球示意圖

　　（8）接從胸前滾落球：從脖子的高度鬆開球，讓球從胸前滾落，當球滾到腰的部位的時候接住球。（圖2-2-8）

圖2-2-8　接從胸前滾落球示意圖

　　（9）扔球、觸摸身體接球：向上拋球，觸摸身體的任意一個部位，然後雙手接住球。（圖2-2-9）

圖2-2-9　觸摸身體後接球示意圖

（10）高拋低接：從高位扔球，蹲下後用手接住球。
（圖 2-2-10）

圖 2-2-10　高拋低接示意圖

（11）兩手間互相拋擲球：用手掌控球練習。將球扔向自己的另一隻手，球扔起到頭頂的高度，保持另一隻手在腰的高度。然後換手改變兩隻手的位置，重複這樣的動作，逐漸加快速度。（圖 2-2-11）

圖 2-2-11　兩手間互相拋擲球示意圖

（12）兩拳間互相傳球：用拳頭控球練習。重複動作，逐漸加快速度。（圖 2-2-12）

圖 2-2-12　兩拳間互相傳球示意圖

（13）拍手接球：向上拋球，拍手然後再接住球。不熟練的可以讓球落地後反彈起來，再接住球。也可以嘗試把球扔到空中高一些的位置，然後再接住球。（圖 2-2-13）

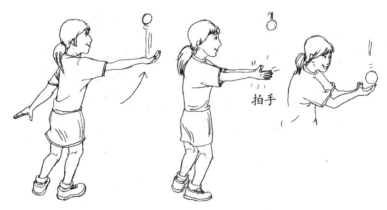

拍手

圖 2-2-13　拍手接球示意圖

（14）旋轉一圈後接球：向上拋球，旋轉一圈後再接住球。不熟練的可以讓球落地後反彈起來，再接住球。（圖2-2-14）

圖 2-2-14　旋轉一圈後接球示意圖

（15）前拋後接：從身體前面向上拋球，在身後接住。（圖 2-2-15）

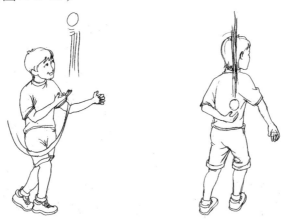

圖 2-2-15　前拋後接示意圖

（16）背後接反彈球：向地面扔球，球落地反彈後從身體背後接住。（圖 2-2-16）

圖 2-2-16　背後接反彈球示意圖

（17）背後過頂拋擲球：從身體背後過頭頂向前拋擲球，球落地反彈後接住。（圖 2-2-17）

圖 2-2-17　接背後過頂拋球示意圖

（18）胯下後拋接球：從胯下向後上拋球，然後用雙手接住。（圖 2-2-18）

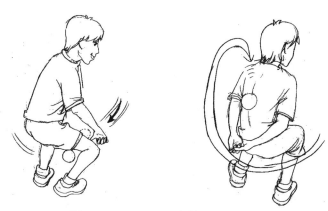

圖 2-2-18　胯下後拋接球示意圖

（19）胯下前拋接球：從胯下從後向身前上拋球，然後用雙手接住。（圖 2-2-19）

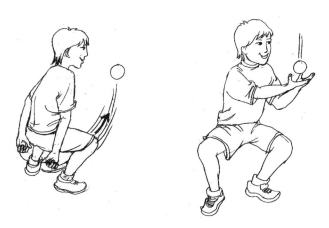

圖 2-2-19　胯下前拋接球示意圖

（20）胯下傳接球：從兩腿間向後扔球，在身後接球；再從後面經兩腿間向前扔球，在身前用雙手把球接住。（圖 2-2-20）

圖 2-2-20　胯下傳接球示意圖

（21）接反彈球：垂直向地面扔球，使球從地面反彈跳起，球下落時，接球。手的形狀像一個杯子一樣以便接住來球。（圖 2-2-21）

圖 2-2-21　接反彈球示意圖

（22）跪地向上扔球起立後接球：單腿跪地姿勢，垂直向上扔球後起立，用雙手接球。（圖 2-2-22）

圖 2-2-22 跪地向上扔球起立後接球示意圖

（23）跪地向下用力扔球起立後接球：姿勢同上，向下用力扔球，球反彈起落下後，起立，用雙手接球。（圖 2-2-23）

圖 2-2-23 跪地向下用力扔球起立後接球示意圖

（24）坐地向上扔球起立後接球：坐在地上，向上扔球，球落下後，起立，用雙手接球。（圖2-2-24）

圖2-2-24　坐地向上扔球起立後接球示意圖

（25）雙腳向上拋球後接球：雙腳夾住，向上拋起球後，用雙手接球。（圖2-2-25）

圖2-2-25　雙腳向上拋球後接球示意圖

（26）雙腳後踢拋球後接球：雙腳夾住球，向後上拋起球後，轉身用雙手接球。

（27）用腳向上踢球後接球：扔下落球，用腳向上踢起球後，用雙手接球。

（28）向下扔反彈球、拍手並接球：站立姿勢，向下用力扔球，拍手，球反彈起落下後，然後用雙手接球。

2. 雙人接控球練習

器材：每人1個板球（網球）。

練習方法：

（1）背向傳接1個球：兩人背靠背站立，一人右手持球，傳到另一人左手，接球人迅速把球從左手轉交到右手，再把球傳遞到同伴左手。看能完成多少次傳遞球。（圖2-2-26）

（2）背向傳接2個球：兩人背靠背站立，每人右手持球，開始後，迅速把右手球傳到另一人左手，接球人在迅速把球從左手轉交到右手的同時，左手要接同伴右手傳遞過來的球。看能完成多少次傳遞球。（圖2-2-27）

圖2-2-26 背向傳接1個球示意圖　　圖2-2-27 背向傳接2個球示意圖

（3）計數傳接球：兩名學生背向彎腰，手扶地上球準備好。教師喊口令「開始」，兩名學生迅速持球站直身，開始背向傳接球。每傳一次報一次數「1」「2」「3」……直到「10」，結束時回到開始彎腰狀態。比賽看哪對學生做得最快。

（4）面向傳接 1 個球：兩人相距 2～3 公尺，兩腳分開站立，膝蓋彎曲，上體稍前傾，準備好後一人單手傳球，另一人單手接球。（圖 2-2-28）

（5）面向傳接 2 個球：兩人相距和準備姿勢同上，每人手拿 1 個球，同時用右手傳球，左手接球。（圖 2-2-29）

（6）面向傳接 3 個球：兩人相距和準備姿勢同上，一人拿 2 個球，另一人拿 1 個球，同時傳接 3 個球。

（7）面向傳接 4 個球：兩人相距和準備姿勢同上，每人拿 2 個球，同時傳接 4 個球。

（8）閉眼傳接球：在重複上述雙人面向傳接 1 個球過程中，瞬間閉眼，等球快到時再睜眼接球。

圖 2-28　面向傳接 1 個球示意圖

圖 2-2-29　面向傳接 2 個球示意圖

（9）不同手法傳接球：兩人面對傳接球，用 2 個不同顏色的球，規定好用不同的手法接，1 個用上手接，一個用下手接。

（10）雙人移動傳接球：兩人相距 3 公尺左右，彎腰姿勢準備好，每人手拿 1 個球，右手傳，左手接。下手傳球，邊傳球邊橫向移動。

三、近距離傳接球

近距離傳接球技術是內場防守隊員需要熟練掌握的基本技術。當球被擊向內場防守隊員或球擦板後飛向接擦邊球的防守隊員時，將球穩穩地接住可以直接淘汰擊球員。接到地面反彈球或地滾球，準確迅速地將球回傳給守樁員或投手，可以節省防守時間，爭取有利戰機。

1. 近距離接球

技術要領：兩腳分開站立，與肩同寬，保持身體平衡。

兩膝和髖關節稍微彎曲，上體稍前傾，重心放在前腳掌上。肩部放鬆，手臂向前伸出，兩個肘關節處在比較舒適的位置，稍微高出膝蓋一點點，但是不要把肘放在膝蓋上。手腕和手指放鬆，兩手手指自然伸展，小指側相靠，形成一個半球狀或碗狀。手指基部的掌指關節不要太緊張，應該感到舒服和適應。接球時，頭部要保持正直，眼睛盯住每一個球，並跟隨著球的移動線路，看球入手。讓球自然進入手中，手指及手掌的接合部位先觸球，接球後手迅速彎曲合攏，手指快速包住球，並順勢向後緩衝。雙手跟著來球的方向繼續移動，以吸收來球的衝擊力量。

近距離接球包括：

（1）接身體前方來球

① 低位接球時（腰部以下），手指向下。（圖 2-2-30）

- 兩腳分開，與肩同寬
- 保持平衡姿勢站立
- 兩膝稍彎曲
- 重心放在前腳掌上
- 肩部放鬆，手腕和手指放鬆
- 兩手臂在膝上向前伸
- 眼睛盯住球
- 身體跟隨著球的移動線路調整站位

（a）

- 兩手手指張開，小指側相靠，形成一個半球狀或碗狀
- 手臂向前伸出，手指向下
- 眼睛盯住球，看球入手
- 讓球自然進入手中，手指及手掌的接合部位先觸球
- 保持好身體平衡

(b)

- 讓球自然進入手中
- 手指及手掌的接合部位先觸球
- 接球後手迅速彎曲合攏
- 手指快速包住球
- 並順勢向後緩衝
- 雙手跟著來球的方向移動
- 吸收來球的衝擊力量

(c)

圖 2-2-30 低位接球技術分解示意圖

② 肩位接球時（腰部以上），手指向上。（圖 2-2-31）

- 兩腳分開，與肩同寬
- 保持平衡姿勢站立
- 兩膝稍彎曲
- 重心放在前腳掌上
- 肩部放鬆，手腕和手指放鬆

(a)

- 眼睛盯住球，跟隨著球的移動線路
- 兩手手指張開，拇指側相靠，形成一個半球狀或碗狀
- 手臂向前伸出，手指向上

(b)

- 讓球自然進入手中
- 手指及手掌的接合部位先觸球
- 接球後手迅速彎曲合攏

(c)

- 手指快速包住球
- 順勢向後緩衝
- 雙手跟著來球的方向移動
- 吸收來球的衝擊力量

(d)

圖 2-2-31　肩位接球技術分解示意圖

（2）接身體兩側來球

① 向左側接球。（圖 2-2-32）

- 兩腳分開，與肩同寬
- 保持平衡姿勢站立
- 兩膝稍彎曲
- 重心放在前腳掌上
- 肩部放鬆，手腕和手指放鬆
- 眼睛盯住球
- 兩手手指張開，拇指交叉，形成一個半球狀或碗狀
- 手臂向前伸出，手指向上

(a)

- 左腳向左橫跨一步
- 手指朝向左邊
- 讓球自然進入手中
- 手指及手掌的接合部位先觸球
- 接球後手迅速彎曲合攏

(b)

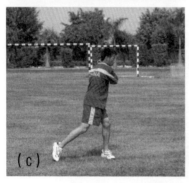

- 手指快速包住球
- 並順勢向後緩衝
- 雙手跟著來球的方向移動
- 吸收來球的衝擊力量
- 身體轉向左側
- 重心移到左腳

(c)

圖 2-2-32　身體左側接球技術分解示意圖

② 向右側接球。（圖 2-2-33）

- 兩腳分開，與肩同寬
- 保持平衡姿勢站立
- 兩膝稍彎曲
- 重心放在前腳掌上
- 肩部放鬆，手腕和手指放鬆
- 眼睛盯住球

(a)

- 兩手手指張開，拇指交叉，形成一個半球狀或碗狀
- 手臂向前伸出，手指向上
- 右腳向右橫跨一步
- 手指朝向右邊
- 讓球自然進入手中
- 手指及手掌的接合部位先觸球
- 接球後手迅速彎曲合攏

(b)

- 手指快速包住球
- 並順勢向後緩衝
- 雙手跟著來球的方向移動
- 吸收來球的衝擊力量
- 身體轉向右側
- 重心移到右腳
- 直到吸收全部球的速度

(c)

圖 2-2-33 身體右側接球技術分解示意圖

（3）其他接球

① 接擦板球。（圖 2-2-34）

- 防守隊員要保持手部柔軟
- 注意力集中，反應迅速
- 用張開的手掌接球

圖 2-2-34　接擦板球技術分解示意圖

② 倒地接球。（圖 2-2-35）

- 非接球手臂輔助身體的重心平衡
- 靠肩膀和手臂緩衝，以減少落地時的衝擊力量
- 儘量避免在肩膀和肘關節的某一部位著地
- 以整個前臂著地，承擔初始時的身體重量，然後開始向肩滾動
- 在向後背滾動時，持球手臂回收，以避免使手臂和肩膀接觸地面

圖 2-2-35　倒地接球（側撲接球）技術分解示意圖

2. 下手傳球

下手傳球用於近距離砸樁淘汰擊球員。主要是把球回傳給守樁員、投手或防守隊員，傳球時要看哪一方更可能把擊球員淘汰。

技術要領：面朝傳球方向，單手握球，手心向上。持球手的異側腿前跨一步，腳尖指向傳球方向，髖關節和肩膀也朝向傳球方向。雙腳站穩，持球手臂向身體後方擺動，臂伸直。在重心前移的同時，持球手臂向前直擺，前跨的同時將球向指定目標傳出。球出手時，身體仍保持低位。球出手後，手臂放鬆，繼續向前跟隨揮動。（圖2-2-36）

發力順序：蹬腿轉腰，重心前移，以肩帶上臂，上臂帶前臂，最後是手腕和手指，控制出球方向的準確性。傳球時盡可能傳直線球，不要出現太大的弧度。

- 降低身體重心
- 俯身
- 眼睛盯著目標
- 手臂隨著球充分向後伸展
- 持球手放鬆
- 身體重心放在後腳

(a)

- 身體重心從後腳轉移到前腳上
- 右肩對準目標
- 手臂從後向前直著擺動
- 球出手後手指充分伸展指向前面目標
- 手指是球離手時最後接觸的部位
- 眼睛一直盯著球
- 後腳向前面上一步
- 保持好身體平衡

（b）

圖 2-2-36　下手傳球示意圖

3. 近距離傳接球基本練習方法

（1）低位接球：兩人相距 3 公尺左右，彎腰做好接球準備姿勢，兩人分別用下手傳球，高度在腰部以下，用雙手接球。（圖 2-2-37）

（2）肩位接球：兩人站位同前，用下手傳球，高度在腰部以上、頭部以下，用雙手接球。

（3）向身體左側接球：兩人站位同前，用下手傳球，傳向同伴身體左側半公尺左右，用雙手接球。

（4）向身體右側接球：兩人站位同前，用下手傳球，傳向同伴身體右側半公尺左右，用雙手接球。

（5）接地面反彈球：兩人相距和準備姿勢同上，將球投向同伴面前的地面上，讓同伴練習接地面反彈球。

（6）傳接球計數：兩人相距和準備姿勢同上，用下手

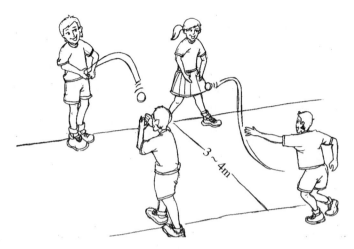

圖 2-2-37　近距離傳接球示意圖

傳球，雙手接球，計數，在規定時間內與同伴最多能接球傳球多少次。

4. 下手傳球準確性練習方法

（1）傳球入圈

兩人相距 5～10 公尺，在每個人前面放一個鐵圈或用粉筆畫一個圓作為投擲的目標，用下手扔球，爭取球落在對方的圈裏。每成功一次得 5 分。首先贏得 25 分的一組獲勝。

（2）擊樁柱比賽

兩人一組，距離 5～10 公尺以外前面放一個樁柱或瓶子。一人用下手扔球，另一人在樁柱後面撿球。每人三次扔球機會，然後交換。每次砸到樁柱或瓶子得 10 分，首先贏得 50 分的一組獲勝。

5. 近距離傳接球綜合練習

（1）五角傳球

5 名學生站成五角形，每人用下手向自己對面的學生把球傳出去，對面學生用雙手接球，然後把球傳給剛才傳給自己球的學生旁邊的學生，傳球 5 次後回到開始傳球的起點。繼續按剛才線路傳接球。同理，可以擴展到 7 名學生 7 角傳接球。傳球線路清楚後，可以增加到 2 個、3 個、4 個、5 個球。（圖 2-2-38）

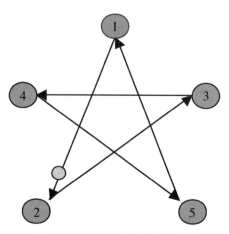

圖 2-2-38　五角傳球示意圖

（2）接力傳球

10 名學生一組，分 5 人一邊，相距 3-5 公尺面對面站立。第 1 名學生把球傳給對面的第 2 名學生，2 然後傳給 3，依此類推。均用下手傳球，雙手接球。每人傳完球後，迅速跑到本方隊尾等待再次接球傳球。如此接力進行下

去。到場地邊緣後，反方向傳接球回來。從傳接 1 個球開始，逐漸增加到 2 個、3 個、4 個、5 個球。（圖 2-2-39）

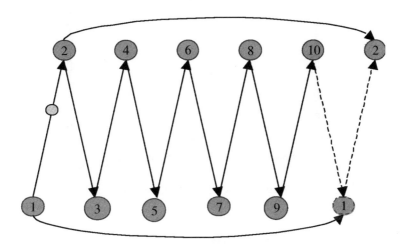

圖 2-2-39　接力傳球示意圖

（3）跑動中傳接球

器材：每兩個人 1 個網球或軟球，場地線。

練習方法：全班分成兩組，面對面站成兩排。第一組同學站線上上輕輕地下手傳球，第二組同學跑上去接球，並用下手傳球把球傳回給第一組同學。返身往回跑，當第二組同學回到原來位置時，第一組同學再次傳球。

（4）4 人四角跑動中傳接球

練習方法：4 人站成四邊形，每人相距 5 公尺左右。用一個球，1 傳給 2，同時跑向 2 的位置，到了以後往回跑，回到 1 的位置，再接 4 傳來的球。（圖 2-2-40）

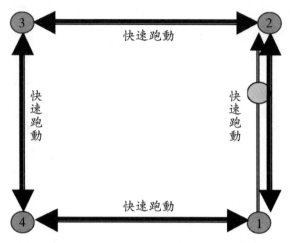

圖 2-2-40　4 人四角跑動傳接球示意圖

（5）4 隊四角跑動傳接球

練習方法：4 隊站成四邊形，每隊相距 5 公尺左右。用一個球，1 隊第 1 人把球傳給 2 隊第 1 人，同時跑向 2 隊的隊尾，2 隊第 1 人雙手接球後將球傳給 3 隊第 1 人，同時跑向 3 隊的隊尾，依此類推。可以增加到同時傳接兩隻球。（圖 2-2-41）

（6）傳接球接力比賽

器材：每組一個網球或軟球，4 個球托或現成的場地線。

練習方法：將全班分成 6 人的若干組。每組中 3 人站在傳球的一邊，另外 3 人站在接球一邊。相距 10～15 公尺。傳球隊的第一個人將球傳出，並跑到接球隊的隊伍後面。接球隊的第一個人向前跑，接球，並用下手傳球給下個傳球人員接球，該接球隊員跑到傳球隊後面。重複，直

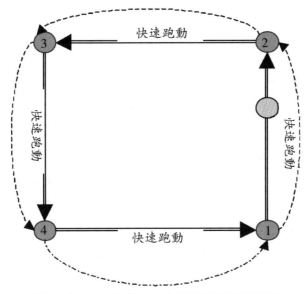

圖 2-2-41　4 隊四角跑動傳接球示意圖

到每個隊員回到自己的原始位置。

（7）單手撿球和下手傳球比賽

器材：每兩個人 1 個網球或軟球，場地線。

練習方法：全班分成兩組，面對面站成兩排。站在起跑線的一組（第一組）拿球，跑到中間線把球放下，然後迅速跑回起跑線。同時，第二組同學跑過去，單手撿球，然後下手傳球，讓同伴（第一組）接球。在第二組同學返回的同時，第一組同學再次跑到中線放球。如此進行 3 次之後，雙方交換角色。

首先完成 3 次的一對獲勝。也可以設定時間限制，如兩分鐘，在接球的同學接到球的情況下，每完成 1 次撿球和傳球算作 1 分，得分最多的一對同學獲勝。

注意事項：單手撿球時，手做成小鏟子一樣的形狀，從腳的外側撿球。下手傳球的時候，蹲下來，重心放低，頭部穩定，直臂傳球。

（8）快速跑、扔球及接球接力賽

器材：4個網球或軟球，4個球柱，用粉筆畫出的圈，2個球托，場地線。

練習方法：將全體學生分成4個人數相同的隊。每隊的第一個學生帶球出發，在跑步過程中，將球放在提前畫好的圓圈內，繼續往前跑，繞過球托。在返回過程中，他們撿起圓圈中的球，輕輕地下手傳球，傳給下一個學生，然後跑到隊伍的最後站好。傳球的時候重心要放低，拋出的球在下一個學生的腰部位置。接到球的學生重複前一名學生的動作，最早完成的隊伍獲勝。

（9）慢跑及傳接球比賽

器材：每兩個學生1個網球或軟球，4個球托，1個哨子。

練習方法：兩個人一組在場地內慢跑，不斷地改變跑步方向。當老師吹哨時，每組同伴相距兩公尺遠，開始低位傳接球30秒，並計完成的次數。當老師再次吹哨時，繼續慢跑，如此進行3～4次，同學們爭取每次的分數都比上次高。

（10）接網球

器材：網球拍，網球或軟球。

練習方法：5～6人一組，一人持網球拍，其他人站在對面5～6公尺遠，成弧線站位。其中一人用下手傳球將網球傳給持拍者，後者將網球用拍子將球擊向前面的隊員，

隊員用雙手接球，接
到後再傳回給擊球
者。（圖 2-2-42）

（11）接擦邊球
練習

接擦邊球的防
守、近距離跑動防守
及後面接球員可以用
接擦邊球防守機或地
滾球發球機來練習。
當球在不同的高度和

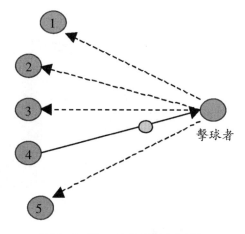

圖 2-2-42 接網球示意圖

位置反彈起來時，二者都有訓練效果。練習接擦邊球時也
可以由另外一名球員在合適的距離用急劇轉換方向的下手
傳球來練，兩個人都應努力去騙對方使球在各種不同的高
度上變化。另一種方法是一名球員對擊球員的肩部高度投
球，擊球員用板使球偏轉變向，多名防守隊員排列在擊球
員後面接擦邊球。（圖 2-2-43）

（a）

圖 2-2-43　接擦邊球練習示意圖

6. 技術要求總結

（1）接球技術要求

① 在移動之前，應該清晰判斷球的飛行路線，然後再迅速移動，不要緊張，保持自然的狀態，儘量放鬆。

② 頭部盡可能地保持固定，不要讓眼睛離開球的飛行路線。

③ 手和五指應張開，用手指根部接球比用手掌接球更安全。手必須舒適，不要繃緊或拉緊，以便於接球。

④ 如果可能，在臉的高度用「高手」接球，並在接住球的同時緩衝。

⑤ 為了接住被猛擊而直飛而來的球，儘量使身體傾斜向一邊以緩衝，但保持頭和眼睛與飛來的球在一條直線上。

（2）防守技術要求

① 防守隊員，尤其是內場防守球員，從擊球員站在椿門前作出準備擊球姿勢時起，就應該把注意力集中在擊球員身上，做好接球的準備。

② 接擦邊球的防守隊員和後方球員應一直看著投手手中的球。

③ 迅速移到球過來的路線前方，彎曲臀及膝蓋，俯身接球。

④ 身體（上身）應往前傾。

⑤ 手應靠近地面，而頭應在球上方（當球滾入手中時）。

⑥ 視線不要離開來球，應儘量看著球滾入手中。

⑦ 直到球安全到你手中，才能試圖直起身來傳球。

⑧ 頭部儘量平穩固定，身體要保持良好的平衡。

四、遠距離傳球

遠距離傳球是防守中經常使用的一項技術。防守隊員將接到的球，傳向中遠距離以外的同伴時，要求傳球線路準確，時間短，同伴容易接。

運用上手傳球技術還可以直接擊中椿門，將正在跑分的擊球員淘汰出局。熟練地運用上手傳球技術，是外場防守隊員必須具備的一項基本技術和能力。好的傳球技術可以增加球員的速度、準確性和傳球距離，防止受傷，尤其是肘和肩部損傷。

上手傳球可分為原地上手傳球和交叉步上手傳球兩種，後者也被稱為烏鴉跳傳球。

1. 原地上手傳球技術

原地上手傳球技術分為3個基本步驟。（圖2-2-44）

引臂：單手握球，身體側轉，手臂從身體下方向後方引伸，手心向下，執球手臂伸直，不執球手向前方擺動，左肩膀指向目標，左手向前面目標伸出。重心放在後腳。兩臂成水平伸直。肘彎曲，持球手腕向回扣。

球出手：左腳向前面目標邁出一步，腳落地站穩後，髖關節轉動，右髖從後轉向前方，身體轉向前方目標。重心隨著移到前腳，不執球手臂同時向下壓，靠近髖關節。執球手臂彎曲，以鞭打動作向前方迅速揮動，以肘關節帶動手臂的運動（肘部不能低於耳朵的高度），也就是說先

- 正確地握球（手指與球縫垂直）
- 持球手舉向後上方

- 非持球側肩膀指向目標
- 身體重心放在後腳上

- 前腳對著目標向前跨出一步
- 兩腳構成穩定的基礎
- 兩臂伸直，前臂指向目標

- 身體重心從後腳轉移到前腳上
- 上肢鞭打動作順序：肩、肘、手
- 左臂向下壓，靠近髖
- 傳球手臂高過肩

- 傳球手臂側的肩膀和肘指向
  目標
- 身體平衡靠前腳支撐
- 頭部保持平衡

- 手臂繼續前揮,經過體前向
  身體對側揮動
- 保持身體平衡,完整的跟隨
  動作

圖 2-2-44　原地上手傳球技術分解示意圖

揮肘然後才是手,把球向前方指定方向傳出。

　　跟隨動作:球出手後,整個身體的重心放在前腳上,很好地維持身體的平衡(右手傳球重心放在左腳上),前腿略彎曲。跟隨動作是後側的肩膀、髖和腳也向著傳球目標移動,手臂經體前和髖順勢向身體另一側揮動。

　　要點歸納:

　　① 在上手傳球時,要保持手臂在肩的高度以上,後腳與傳球路線垂直;

　　② 非持球手臂對準傳球目標方向,眼睛在左肩上方盯住目標;

③ 長遠距離傳球時，持球手臂要充分向後伸展，手腕內扣；

④ 中距離傳球時，為節省時間，持球手臂可以彎曲，手腕也不用充分內扣；

⑤ 重心從後腳移動到前腳對於獲得傳球時的動量矩非常重要。

2. 交叉步上手傳球技術（烏鴉跳傳球）

先運用前交叉步或後交叉步，然後接原地上手投球技術，將球傳向更遠距離的同伴。（圖 2-2-45）

- 向來球線路上跑動
- 前（左）腳找球
- 後腳橫向擋在來球線路上

- 兩手併攏，手指向下
- 在後腳前接住球
- 頭在球的上方

（c）

- 準備傳球時後腳從前腳後面向前邁出

（d）

- 前腳向著目標方向邁出一步
- 雙臂充分伸展到水平位置
- 持球手臂肘部高於肩關節

（e）

- 前面手臂向下壓靠近身體
- 前腿支撐住身體
- 肩膀最先動，然後是肘和手
- 把球向著目標傳出去

（f）

- 球出手後，手臂繼續從身體前向對側揮動
- 後腿向前邁一步
- 保持好身體平衡

圖 2-2-45　交叉步上手傳球技術分解示意圖

3. 遠距離傳接球的練習方法

練習 1　手腕傳球練習

兩人相距 3 公尺在地面上相對坐下，一手握住另一手前臂，然後用手腕的力量互相傳球，體會手腕在傳球時的感覺。（圖 2-2-46）

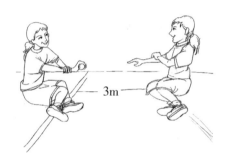

圖 2-2-46　手腕傳球練習示意圖

練習 2　肘腕傳球練習

兩人相距 4 公尺在地面上相對坐下，一手握住另一手上臂，然後用肘關節和手腕的力量互相傳球，體會先肘後手腕在傳球時的感覺。（圖 2-2-47）

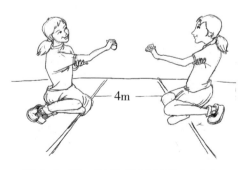

圖 2-2-47　肘腕傳球練習示意圖

練習 3　肩肘腕傳球練習

兩人相距 5 公尺在地面上單腿跪下，然後從肩關節開始用力，帶動肘關節，最後是手腕，互相傳球，體會先肩後肘最後是手腕，在傳球時的發力順序。（圖 2-2-48）

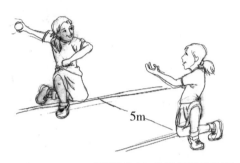

圖 2-2-48　肩肘腕傳球練習示意圖

練習 4　腰肩肘腕傳球練習

兩人相距 10 公尺，兩腳前後分開站立，從轉腰開始，然後是肩關節，然後肘關節，最後是手腕，互相傳球，體會從腰開始發力，然後肩關節，再肘，最後手腕在傳球時的發力順序。（圖 2-2-49）

圖 2-2-49　腰肩肘腕傳球練習示意圖

練習 5　腿腰肩肘腕傳球練習

兩人相距 10 公尺，兩腳前後分開站立，從後腿蹬地轉腰開始，然後是肩關節，繼之肘關節，最後是手腕，互相傳球。後腿在傳球結束後，要隨著重心的前移向前邁一步，身體從面向一側轉向另一側。體會從腰開始發力，然後肩關節，再肘，最後手腕在傳球時的發力順序。（圖 2-2-50）

20m

圖 2-2-50　腿腰肩肘腕傳球練習示意圖

練習 6　上手傳反彈球

器材：每兩個人一個網球或軟球。

練習方法：兩個人一組，相距 15～20 公尺，雙方用力上手傳球，球在地面彈跳一次，由對方雙手接住。站立時側身，一腳在前，一腳在後。眼睛注視著前方目標，傳球的胳膊離對方稍遠，另一隻胳膊指向對方。傳球的胳膊向上提起，並屈肘。將球扔向同伴面前 2 公尺處的地面上。球必須在地面彈跳一次，到達對方時位於腰部。（圖 2-2-51）

圖 2-2-51　上手傳反彈球練習示意圖

練習 7　追球跑和上手傳球

器材：每兩個人 1 個網球或軟球，6 個球托，場地線。

練習方法：全班分成兩人一組，站在起跑線上。一組中的一個同學輕輕地下手傳球，另一個同學追趕球，在中間線和終點線之間部分將球撿起。撿球的同學上手傳球，球彈跳一次由同伴截住。當撿球的同學回到原始位置時，重複。如此進行 3 次後，雙方交換角色。（圖 2-2-52）

練習要點：跟著球，並趕上球。讓球滾進你傳球的那隻手，注意從腳的外側撿球。轉身，以腳掌為基點旋轉，面向你的同

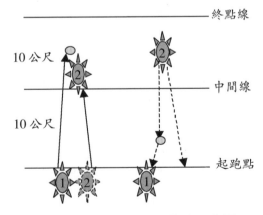

圖 2-2-52　追球跑和上手傳球示意圖

伴。身體平衡，然後傳球。

提高方案：

☆撿球的同學撿球後，將球直接傳給同伴，不經過反彈。

☆增加起跑線、中間線和終點線之間的距離，從而增加了撿球的同學傳球的距離。

☆設定時間限制（如2分鐘），每完成一次追趕球並返回，得1分。只有在中間線和終點線撿球才算。完成一次，雙方交換角色。得分最多的一組獲勝。

☆重複練習，每一組爭取得分超過前次得分。

4. 準確性擊樁練習

練習1　雙人擊樁練習

器材：樁門（只放中間一根門柱），球。

練習方法：兩人一組，相距20公尺，中間放一個樁門，只放中樁。與對面的人互相傳球，練習直接擊樁中柱。（圖2-2-53）

練習2　圓圈擊樁柱

器材：樁門（只放中間一根門柱），3個球。

練習方法：6人一組，圍一個樁站成一圈。與對面的人互相用上手扔球，擊樁柱。也可以用一個球托代替樁門柱。（圖2-2-54）

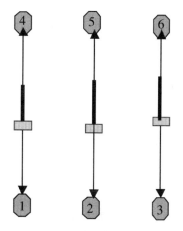

圖2-2-53　面對面準確性擊樁門練習示意圖

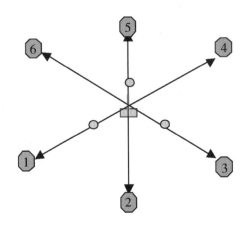

圖 2-2-54　圍圈準確性擊椿門練習示意圖

練習 3　「擊塔」比賽

器材：2 個球椿底座，3 根椿子，每 3 個同學一個網球或軟球，4 個球托或現成的場地線。

練習方法：將全班分成兩組，分兩邊站立，相距 20 公尺。每隊 3 人，每隊 1 個球。每隊在各自的投球線後分散排開。將椿組成塔狀，放在場地中央。持續扔球，直到塔被打倒。首先將塔擊倒 5 次的一隊獲勝。（圖 2-2-55）

注意事項：側身站立，投球的一側背朝椿子；不許在投球線之前扔球；用雙手接住對方扔過

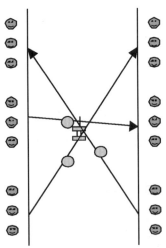

圖 2-2-55 「擊塔」練習示意圖

來沒砸中樁子的球；要有團隊精神，每人都有機會扔球。

5. 傳球技術要點歸納

練習下手傳球和上手傳球都應當先從短距離開始，但是，在長距離和準確性的傳球時，要用上手傳球和傳直線球的方法，沿著傳球臂的揮出方向成一條直線傳。如果要求回傳球速度時，在內場和斜前方位置用下手傳球比較快，但是控制傳球方向和高度的精準性方面會比較難。除非防守隊員是下手傳球的專家，否則用稍慢一點的上手傳球方法更為安全。不過，教練員可以鼓勵好的機敏的防守隊員，在短距離樁門附近傳球時學習和練習使用下手傳球。投球臂的力量可以由練習得到增強。如果你能夠堅持下去，你就能得到一個高度準確和有速度的傳球。如果你能直接擊中樁門把擊球員在跑動中淘汰，這種傳球方法的有效性就很明顯地得到了證實。

在比賽中，永遠不要把球使勁投向投手，這樣會把投手的手弄傷，除非有很好的機會將擊球員淘汰。並且儘量傳空中球，這在球是新的時候尤其重要，因為讓球在地面上反彈會使球失去光滑。回傳球給投手時一定要讓他能容易地接得到。沒有理由讓投手俯下身來接球。

傳球提示：

（1）幾乎所有的男孩子如果得到指導和正規練習，都可以成為一名有效、準確和速度快的好防守隊員。

（2）眼睛永遠不要離開球，除非球安全地到你的手中。然後開始做傳球的動作。

（3）在你實實在在地把球握在手心之前，不要過早抬

頭。太早地抬頭看可能會導致失誤或胡亂地摸球，從而失去了淘汰擊球員的機會。

（4）在接好球準備傳出球的那一瞬間，儘量使右腳與傳球的方向垂直，身子的重心完全放在右腳上。

（5）準備傳球時，左臂指向傳球的目標方向，眼睛注視著樁門的頂端。

（6）在傳球的過程中，重心向前轉移到左腿和左髖，很好地支撐身體重心，右腳經過身體移向前，身體張開，右臂朝樁門的方向揮過去。

（7）在完成傳球後，右肩和右臂應當指向樁門。

五、接高空球

擊球員擊出場地內的高空球時，防守隊員如果接球技術好，擊球員會被直接接殺出局。相反，如果防守隊員接高空球失誤，擊球員不僅不會被淘汰還會跑動得分，從而嚴重影響防守方隊員的士氣。接高空球的技術有兩種，一種是在頭的前上方接球，一種是在身體前方接球。兩種接球方法都有效，都能應用於球被向上擊到空中時的接球。同其他技術一樣，接高空球技術也要經常練習。

1. 頭前上方接球

技術要領：判斷高空球下落的位置，迅速跑到位，兩腳站穩。當球到頭前上方時，向前上方伸出雙臂。兩手手指張開，手心向上，拇指側相靠，形成一個半球狀，手腕和手指放鬆。接球時，眼睛盯住球，並順勢緩衝來球的衝擊力量。（圖2-2-56）

- 判斷球的飛行線路
- 迅速移動到球的下落點位置

- 盡可能地保持頭部穩定
- 手臂向上伸出，眼睛始終看著球

- 手保持柔軟
- 手指舒服地向上伸展開
- 用手指根部接球

- 在眼睛的高度把球接住
- 手臂隨著球充分緩衝
- 在胸部的高度完成接球動作

圖 2-2-56 頭前上方接球技術分解示意圖

教學要點：眼要時刻盯著球，快速跑到球要落下的位置；雙手合攏成碗狀，拇指交叉，手指向上；接球後，手隨著球後移至肩位。

2. 身體前方接球

技術要點：快速跑動到來球的線路上準備好接球，選擇一個正確的位置。一直仔細地觀察球，使自己的位置處於球的下方。保持頭部穩定和身體的平衡。兩手張開，手指伸展、放鬆、自然舒適。掌指關節不要緊張，接球點在

(a)

(b)

- 看清楚來球飛行的線路
- 在球下落的位置選擇一個最佳位置
- 保持好正確的平衡姿勢
- 手指向上
- 小指靠近在一起
- 眼睛始終看著球

- 向落下來的球伸出手臂
- 手指自然放鬆伸展，保持舒適
- 手指和手掌的結合部不要緊繃

- 在眼睛的高度接球
- 手和手臂隨著球自然緩衝
- 肘部幫助緩衝較大力量的來球

- 雙手牢固地控制住球
- 在胸部的高度完成整個接球動作

圖 2-2-57　身體前方接球技術分解示意圖

指根部。在視線的上方高點把球接住，然後手部、膝關節和髖關節充分緩衝球的力量。盯著球直至入手，使球緩衝向身體靠近。（圖 2-2-57）

3. 練習方法

練習 1　單人練習接高空球

練習方法：單人原地向上拋球，練習接高空球的兩種技術。

練習 2　雙人練習

練習方法：兩人相距 10 公尺，向同伴拋高空球，另一人練習接高空球。

練習 3　分組練習

練習方法：每組 6 人，站成圓圈形。1 人站在中心，向上拋出高空球，同時喊出其他隊員的名字。被喊到的隊員迅速上前接高空球。接到後，將球再次拋起，喊下一隊員的名字。

練習 4　輪流接高空球練習

練習方法：學生 5～6 人一組，教師（或隊長）距離學生 20 公尺以外，用球板向高空擊球，學生輪流上前接高空球，接到球後用地滾球回傳給教師。（圖 2-2-58）

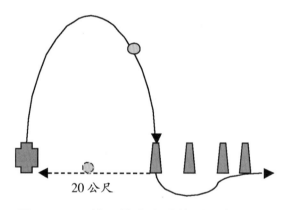

20 公尺

圖 2-2-58　輪流接高空球練習示意圖

正規的接空中球訓練應該在長短不同的距離上，由一名球員向空中擊出 1～2 個有變化高度的球對其他球員，也可以球員之間彼此傳高空球和接球。加之戴手套的守樁員一塊參加接球訓練，他也將從接隊友的回傳球中獲益。為避免球員站成一圈在那兒等球，應該限制每一組的人數，使每個人都保持興致。

4. 接高空球技術要點歸納

（1）在移動之前，應該清晰判斷球的飛行路線，然後再迅速移動，不要緊張，保持自然狀態，儘量放鬆。

（2）在你沒有看清楚球之前千萬不要移動位置。看見球下落後，迅速跑動到球要落下來的地方，準備好接球。向著球跑會使乾淨俐落地接住球的概率降低，通常會導致慌亂地抓球，把球掉在地上。

（3）儘量保持頭部固定，不要讓眼睛離開球的飛行路線。

（4）兩手十指應張開。手必須舒適——不要繃緊或拉緊——以便於接球。

（5）如果可能，在臉的高度用「高手」接球，並在接住球的同時緩衝。

（6）用手指根部接球比用手掌接球更安全。手一定要有緩衝動作，把球的力量減緩下來；否則，如果手掌很硬地去觸球，可能球會從手中反彈出去。

（7）為了接住被猛擊而直飛而來的球，儘量使身體傾斜向一邊以緩衝，但要保持頭和眼睛與飛來的球在一條直線上。

（8）只要有可能，儘量用雙手接球。有些時候用單手接球是迫不得已，例如，防守隊員離樁門很近或從側面跑向球的飛行線路時。

六、接地滾球

比賽中，絕大多數的球是被擊向地面，然後向場地外

滾動的。好的場上防守隊員可以及時地將地滾球接住,並快速傳到兩個樁門附近的守樁員或投手,阻止擊球員跑分或直接將他們淘汰出局。相反,如果沒有接到地滾球,則可能直接造成攻方得邊界 4 分或獲得更多的跑分。因此,接地滾球技術看似簡單,實則非常重要。

一般來說,有兩種不同的接地滾球技術:第一種是進攻性的技術,腳前後站位,主要用後腳阻擋從手底下漏過的球;第二種是防守性技術,單膝跪地和另一隻腳併攏,組成一道寬闊的屏障,阻擋住用手沒有接到的球,使球不會輕易漏掉。不管運用哪種技術,都要強調兩隻手接地滾球,儘量不用單手去接。

1. 進攻性接地滾球

技術要領:判斷球落的位置,迅速跑位,用一隻腳阻擋在來球的線路上,另一隻腳向前邁步,站穩後兩手手指張開,指尖朝下,靠近地面,拇指側相靠,形成一個半球狀,手腕和手指放鬆,迎向來球。接球時,眼睛盯住球,並順勢緩衝來球的衝擊力量。(圖 2-2-59)

2. 防守性接地滾球

技術要領:開始保持身體平衡,重心在兩腳之間,準備隨時飛快地跑向球飛來的方向。判斷球落的位置,迅速跑位,用一隻腳找球,阻擋在來球的線路上。

側身對著來球的方向,身體重心移至右腿,然後屈膝屈髖俯身去接球,另外一條腿橫向跪在地上,膝蓋與前腳靠攏。頭低垂下去在右膝的上方,在球飛來的線路上,眼

（a）

（b）

- 穩定的雙腳支撐，身體保持平衡
- 重心低，兩腿彎曲
- 頭與來球在一條線上

- 前腳靠近來球
- 兩手小指靠近，手指向下

（c）

（d）

- 在後腳的前面接住球
- 頭在球的正上方

- 看著球直到安全地在手中控制住

圖 2-2-59　進攻性接地滾球技術分解示意圖

睛始終注視著球。

兩手手指張開，指尖朝下，靠近地面，拇指側相靠，形成一個半球狀，手腕和手指放鬆，迎向來球，在右腳前雙手安全地抓住，並順勢緩衝來球的衝擊力量。（圖2-2-60）

傳球時，先使身體重心移至後腳，目光從球上移開看向前方的椿門。用拇指和食指握球，左臂彎曲向後揮，手腕向後伸，右腿從左腳旁向後移動，與要投向的椿門方向成直角。左臂和左肩向回擺，重心自然落於後腳上。右肩和右肘朝向椿門，目標是三柱門的上方。

身體側向傳球方向，在傳球時，右腿和右臂幫助保持身體的平衡，兩肩橫向轉動。左腳在身體後擺時掌握平衡，與投球方向成直角。以身體軀幹為軸，左臂用最大的速度和力量向前揮出，在胸部面對椿門時把球傳出。

(a)

(b)

● 準備接球時，身體在來球的正後方

● 如果是右手為主接球，右腳橫向來球方向，左腿跪下直到貼近地面
● 手掌對準來球，低手接球

- 跪下的小腿和右腿組成一道屏障，即使雙手漏接，也不會讓球漏過身體
- 看著球入手，用手指和手掌迎球
- 頭正好在球的正上方

圖 2-2-60　防守性接地滾球技術示意圖

身體重心前移，右腿和右髖控制身體的平衡。手臂動作繼續沿著傳球的目標向前直揮向下，左腿以身體軀幹為軸向前邁一步。

3. 回追地滾球

如果被擊出的球從兩名防守隊員中間穿過，防守隊員要轉身快速追趕地滾球，追上球後，爭取儘快回傳給同伴，阻止擊球員進一步跑分。這也是實際比賽中常用的技術。

技術要領如圖 2-2-61 所示。

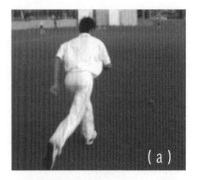

(a)

● 快速追趕地滾球

(b)

● 追上球後，降低身體重心並且兩膝彎曲

(c)

● 以前腿為軸轉動身體

(d)

● 坐在地面上，用單手抓住球

(e)

● 轉過身體面向要回傳球的目標，準備傳球

圖 2-2-61　回追地滾球技術分解動作示意圖

4. 接地滾球練習方法

練習 1 雙人接地滾球

器材：每兩個人 1 個網球或軟球。

練習方法：兩人相距 10 公尺，一人用下手傳球將球快速滾向同伴，另一人練習雙手接地滾球。接到球後雙方站起來，然後將球滾回去，重複 10 次，交換。

注意事項：傳球的人要側身站立，扔球的胳膊離同伴較遠，必須下手傳球將球從地面上滾出去，球不能彈跳。球滾過來時，接球人前腿屈膝，重心放低，雙手併攏，指尖向下，用腿保護，不能漏球。

練習 2 快速跑和接地滾球

器材：10 個網球或軟球，4 個球托，1 個桶或箱子。

練習方法：10 名學生在 1 號球托和 4 號球托之間站成

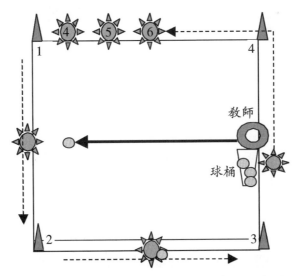

圖 2-2-62 快速跑和接地滾球練習示意圖

一排，老師不斷地把球拋向 1 號、2 號球托之間，讓學生接。學生一個一個跑過去，停下來接球，然後繼續沿場地跑。學生將球放回桶或箱子裏，然後站到隊尾去（圖 2-2-62）。重複練習。

注意事項：老師拋出球時，學生快速跑過去，用兩隻手去截球；接球後跑到老師處，一定要將球放在桶或箱子裏。

練習 3　接地滾球接力

練習方法：將學生分成若干組，每組 5～6 人。1 人為隊長，手戴棒球手套或樁門接球員手套，與同組其他成員相距 20～30 公尺。隊長將球以地滾球向其他成員扔出，其他人按順序輪流向前接地滾球，並將球傳回給隊長。（圖 2-2-63）

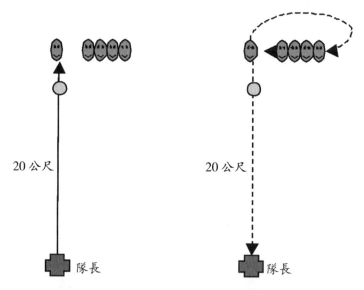

20 公尺　　　　20 公尺

隊長　　　　隊長

圖 2-2-63　接地滾球接力練習示意圖

練習 4　連續接地滾球

練習方法：分組同練習 3。在隊員與隊長之間相距 20 公尺處和 30 公尺處各放一個標誌物，隊員們站在 30 公尺處標誌物以外。隊長擲過來地滾球，第 1 個人跑上去接地滾球，並傳回給隊長，然後迅速轉身跑回到 30 公尺標誌物處。隊長接到回傳球後，再次以地滾球扔向第 1 個人。同時，第 1 個人從 30 公尺處再向隊長跑動，快速接扔過來的地滾球。再次反覆，每人接 3 次地滾球，然後換下一個隊員。（圖 2-2-64）

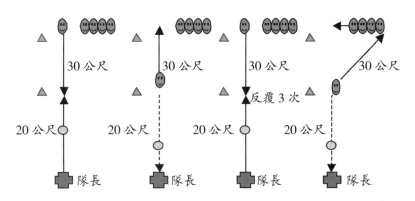

圖 2-2-64　連續接地滾球練習示意圖

練習 5　接地滾球比賽

器材：每 3 個同學 1 個網球或軟球，4 個球托或現成的場地線。

練習方法：將全班分成若干隊，每隊 3 人，拿 1 個球。每隊在目標線前，分散排開。與對面的隊進行接地滾球比賽。每隊都連續地下手傳球，將球扔到對方隊員之間的空

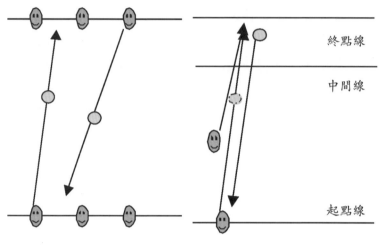

終點線

中間線

起點線

圖 2-2-65　接地滾球練習
示意圖

圖 2-2-66　回追地滾球練習
示意圖

地，目標要越過對方的目標線。每過一次線即得 1 分。首
先獲得 10 分的一隊獲勝。隊員必須站在目標線上下手傳
球。（圖 2-2-65）

練習 6　回追地滾球

器材：每 3 個同學 1 個網球或軟球，6 個球托或 3 條
現成的場地線。

練習方法：學生兩人一組，並排站在起點線上。1 人
將球輕輕滾向終點線，同伴快速追趕球並且撿起來，最好
在中間線與終點線之間完成。

撿起球後，用上手傳球把球回傳給同伴，球可以在地
面上反彈一次。當同伴回到起點線後，再重複進行，3 次
以後，兩人互換。（圖 2-2-66）

練習 7　單手接地滾球接力

器材：每組 1 個球，1 個椿門。

練習方法：每組 5 個人或以上。組長站在椿門旁邊，其他人距離 10 公尺以外，排成一列縱隊。組長把球滾向第 1 名隊員，第 1 名隊員向著球迅速跑動，然後用單手將球撿起來，用下手傳球方式練習擊椿門，組長接住球，再把球滾向第 2 名隊員。第 1 名隊員傳球後站到隊尾準備下次接球。

5. 傳接球技術要點小結

（1）身體重心必須平衡在兩個前腳掌——手臂放鬆下垂，兩手輕輕伸在兩腿的前方。

（2）時刻保持警覺——準備好立刻迅速地向球的路線移動。

（3）正確地接近來球，準備把球撿起來。身體側向要傳球的方向。

（4）迅速俯身——不要太遲——屈髖屈膝儘量地低一些。

（5）在接球前的最後一步，右腳應盡可能靠近球的路線，應在右腳尖前方觸球。

（6）始終將視線集中在球上。絕對不要向上看，除非球安全地在你的手裏。千萬不要去抓或握球。

（7）在接球的瞬間，頭和眼睛應在手的正上方。

（8）保持敏捷輕快的姿勢，準備傳球。

第三節　投　球

一、投球技術概述

投球是防守技術中的靈魂。好的投手可以利用高超的投球技術把擊球員淘汰出局或抑制進攻方得分，也可以用投球技術的變化讓擊球員無法適應，從而造成擊球失誤。沒有良好的投球技術，球隊就會輸掉比賽，也將會使比賽變得無趣而乏味。板球投球技巧比較獨特，有別於其他運動項目，投球時要求肘部不能彎曲。在板球漫長的發展過程中，各國優秀投手們創造出了各種各樣的投球技術，如各種快球（飄球）、旋轉球等，有的投球技術還要求投手具備一定的天賦，屬於高難技術。投球是一項攻擊性技術，也是一項限於少數人熟練掌握的技術。

由於中國的板球運動水準還處於初級階段，重點是強化基本投球技術，本書只介紹基本快速投球、手腕旋轉投球和手指旋轉投球、內飄球和外飄球 5 種投球技術。其他難度較高的投球技術本書將不作介紹，有興趣者可參照國外相關參考書和技術錄影。

為便於掌握基本投球技術，可以將投球分解為以下 6 個基本步驟。（圖 2-3-1）

1. 助　跑

助跑的目的是為了獲得足夠的動能，以便在投球時轉化為足夠大的動量矩和出手速度。每一個投手助跑時都應

試圖保持良好的節奏,有節奏而放鬆地跑向投球線是每一個投手的基本要求。

　　開始用小步,然後大步。身體前傾,兩臂在腰部上方前後擺動。頭部保持穩定,不要搖晃,眼睛直視前方目標。

　　助跑距離太長或太短都不好,投手每次助跑的距離最好一致,這對每次投出一個有效的好球至關重要。可以事先測量好距離並在起跑點做一個清楚的標誌。

2. 起　跳

　　在距離投球線一步遠的距離時,開始起跳。起跳前,握球手、球和雙臂都要低於肩。起跳後,身體側轉,後腳落地時與投球線平行。整個動作要正對目標成一條直線,身體各部位協調一致。雙臂靠近身體轉動,上身不要前傾。雙臂向相反方向輪流做開合運動,動作連續,握球手靠近身體。

3. 後腳落地

　　後腳著地時,與投球線平行。

整個身體向後傾斜，髖水平線與肩水平線要平行。後腳落地後不能再有跳躍。後腿微屈，緩衝落地能量，積聚力量，然後使身體平衡。儘量不要弓背。執球手臂向下向後伸展，非執球手臂向前上方舉起伸直。前腿膝部彎曲，前腿大腿抬起，但不要抬平。雙眼平視，直視目標。

4. 前腳著地

身體繼續向目標方向移動，但移動時動作幅度不要超過肩的寬度。身體前傾，前腳著地。前面手臂下揮時，肩的移動方向儘量與其保持一致，對著擊球員方向，手臂和肩膀要儘量在豎直面內擺動。前腿彎曲然後伸直。投球時，身體重心向前移動，正對目標，前後腳在同一條直線上。前腳正對擊球員方向。前臂肘部靠近身體停住，投球手臂保持水平。

5. 球出手

球在最高處投出。身體儘量不要側彎或前傾，掌心向著球要投出

的方向，手指也要為投球做好準備，在球出手時，手腕是身體部位中最後動的環節。

對於所有的投球，球出手時左腿不能彎曲，一定要穩固支撐，以承受身體的重力和重量矩。右腳也同樣重要，在最後投球後右腳落地時，盡可能與投球線平行，這樣才能確保正確的腳步，在椿門旁邊順利完成投球。手在前腿膝蓋外側將球投出。

6. 跟隨跑

投球後的跟隨動作如同完成擊球後球板的隨揮動作一樣重要。正確的跟隨動作會實現身體平衡和對球控制的最大化。在擊球員完成第一個擊球動作的同時，投手身體正對著擊球員移動。投球的那隻手緊握並靠近身體，前臂離開身體。提臀，以保證投球一側的腳著地時，髖關節連線與肩關節連線平行。

頭部保持正直，眼睛緊盯著球投出的位置，觀察擊球員的擊球動作，在順勢向前跑動的同時，保持身體平衡並盡快穩定下來，隨時準

圖 2-3-1　投球 6 個基本驟步示意圖

備接住擊球員擊回來的球。

一個高效的投球必須全身動作協調一致。尤其對於快速投手，在流暢平穩的助跑中就要努力去使手臂和身體處於最佳協調狀態，直到投球結束後，要始終控制好身體的平衡性和協調性。

投球要點小結：

（1）助跑動作要流暢穩定，距離適中；

（2）助跑要有節奏，開始階段動作要慢，逐步加速，到投球線的最後幾步達到最大的動量矩；

（3）全身動作協調一致，充分伸展，放鬆投球，接著是一個充分的跟隨動作；

（4）球出手時，身體的重心和投球的力量轉移到左腿上，此時左腿伸直，完全支撐身體的重量；

（5）投球時靠近樁門，前腳朝向擊球員方向；

（6）起跳後，右腳應儘量做到幾乎與投球線平行；

（7）前面手臂儘量高舉，但是必須舒服自然；

（8）投球時，左手至少抬高到前額位置，並且指向對面的擊球員方向；

（9）投手的視線應該在左手的外側（擊球員身體正面），在左肩的上方，向前下看著球道；

（10）投手必須把目光集中在他想把球投到的球道上的那個點；

（11）完整的跟隨動作。

二、基本快速投球

快速投球是初學板球投球時最容易掌握的一項基本投

球技術。投手應該正確地握球，流暢地跑向投球線，身體平衡，起跳有力，球出手正確，直到好的跟隨動作結束。

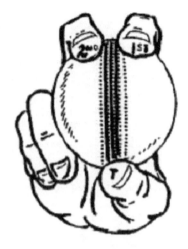

1. 握球方法

讓球縫所在平面垂直於地面，手掌自然彎曲，食指和中指分別放在球頂部的球縫兩邊，拇指在球的正下方放在球縫上，無

圖 2-3-2 投快球基本握法

名指和小指自然彎曲併攏靠在手掌上。握球動作不要太緊，手部感覺舒適。（圖 2-3-2）

2. 投快球技術分解動作描述

第 1 步：助跑（圖 2-3-3①，圖 2-3-4①）

要有良好的節奏。開始用小步，然後大步。身體前傾，兩臂在腰部上方前後擺動，頭部保持穩定，不要搖晃，眼睛直視前方目標，像田徑運動員一樣跑動。

第 2 步：起跳（圖 2-3-3②，圖 2-3-3③；圖 2-3-4②，圖2-3-4③，圖 2-3-4④）

在助跑的最後一步開始起跳，身體向上騰空，側轉。眼睛要盯住目標。跳躍前，握球手、球和雙臂都要低於肩。雙臂靠近身體擺動，但身體不要前傾。雙臂向相反方向輪流做開合運動。

圖 2-3-3　基本快速投球技術分解示意圖（正面視圖）

圖 2-3-4　基本快速投球技術分解示意圖（側面視圖）

第 3 步：後腳落地（圖 2-3-3④，圖 2-3-4⑤）

　　後腳落地時，盡可能與投球線平行，落地後不要再有跳躍。身體側向投球目標站立，前腿向上屈膝抬起，非執球手向正上方伸出。執球手臂靠近身體收緊，球靠近下頷。背部伸直，不能彎曲，頭部正直側轉。眼睛從手臂旁邊瞄準目標。身體重心放在後腿，身體向後傾，保持穩定。

第 4 步：前腳著地（圖 2-3-3⑤，圖 2-3-4⑥）

　　重心前移，身體前傾，整個身體向目標運動，前腿向前邁出，腳尖指向目標方向。髖橫向轉動，上體轉向目標方向，身體完全打開。兩肩間軸線與兩髖間軸線保持平行。非執球手臂下壓，向髖靠攏。執球手直臂經身體前面劃弧線向後向上揮。

第 5 步：球出手（圖 2-3-3⑥，圖 2-3-4⑦）

　　前腳正對擊球員，前支撐腿緩解地面衝擊力後迅速伸直，作為投球時發力的支點。身體完全轉向目標方向，頭部正直。非執球手貼緊身體。手臂和肩膀要儘量豎直擺動，肘完全伸直。手臂下揮時，肩的移動方向儘量與其保持一致。整個身體的運動軌跡在一個狹窄的通道內。在投球時，手腕是身體部位中最後動的關節。手指控制球的投出方向，出手時機合適。

第 6 步：跟隨跑（圖 2-3-3⑦，圖 2-3-3⑧；圖 2-3-4⑧）

　　球出手後，投手順勢向目標方向繼續跑動兩三步。右髖前移，後腿向前跨一步。執球手臂向下揮，完成動作時，手在膝關節處。非執球手臂向後上順勢揮動。頭部保持正直，眼睛繼續注視目標，隨時準備接擊球員擊出的直線球。

3. 練習方法

（1）徒手動作練習

先進行原地徒手動作投球練習，主要是練習直臂投球。將投球動作分成 4 步，後腳落地、前腳落地、球出手和跟隨動作。球可以拿在手裏，但不投出去。開始時分解做慢動作練習，直到徒手做投球動作已經熟練，掌握技術要領時為止。（圖 2-3-5）

圖 2-3-5　徒手動作練習示意圖

（2）面對擋網原地投球

每人一球，距離擋網 5～10 公尺，在掌握原地徒手動作的基礎上，進行實球原地投球練習。

（3）雙人原地投球練習

兩人一組，一個網球或軟球，練習直臂投球，彈跳一次，對方接球。注意持球姿勢，練習的時候，建議先投向一側。（圖 2-3-6）

注意事項：投手側立，持球的胳膊向後側盡力伸展，另一隻胳膊高舉，從胳膊側面注視擊球員。前腿抬起，身

圖 2-3-6 雙人原地投球練習示意圖

體向後傾。身體前傾，前腳著地，雙臂要直，迅速將球投出，球彈跳一次，對方接球。球投出後，後腳向前跨一步。

（4）向圈內投球

兩人一組，一個球，相距 15 公尺。在每人面前放一個鐵圈或用粉筆畫一個圓，投球者爭取將球投到對方的圓圈裏，每成功一次得 5 分，首先得到 25 分的一組獲勝。還可以在每人前面放置一個椿門柱或球托。每次可以最高得 10 分，其中投到圈裏得 5 分，砸中椿門得 5 分。投球 3 次後，另一個同學再投。首先得到 50 分的一組獲勝。

（5）向固定範圍內投球

4～5 人一組，一人充當守椿員，其他每人一個網球或軟球。在距離 10～15 公尺處的正前方擺放一個椿門，在椿門前 2～3 公尺處放兩個明顯的標誌物，寬度為球道的寬

度。瞄準標誌物進行三步助跑投球，每人 6 次，然後換守椿員。球落在椿門與標誌物連線內的區域為好球得 1 分，擊中椿門得 10 分。（圖 2-3-7）

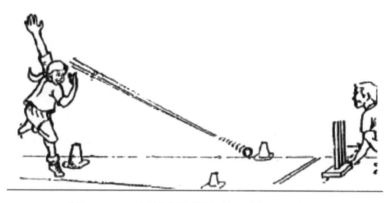

圖 2-3-7　向固定範圍內投球練習示意圖

（6）對固定目標一步、三步投球

一人充當守椿員，站在椿門（或標誌物）後，擋網前。其他人每人一個網球或軟球，在距離正前方 10 公尺處地面上，放一個椿門或明顯的標誌物，作為投球線，每人一次，瞄準椿門（或標誌物）進行一步（三步）助跑投球。

一步助跑投球步法：不執球手臂同側腿先邁出一大步，另一條腿向前上方跳起，在空中轉身，後腳橫向落地，與投球線平行。身體後傾，重心放在後腳上，然後接原地投球動作。

三步助跑投球步法：不執球手臂同側腿先邁出一步，然後跑三步，執球手臂同側腿向前上方跳起，在空中轉

圖 2-3-8　對固定目標一步、三步投球練習示意圖

身，後腳橫向落地，身體後傾，重心放在後腳上，然後接原地投球動作。（圖 2-3-8）

　　（7）助跑投球練習

　　練習方法：慢跑 4 步，投球。快跑 4 步，投球。在空間足夠大的情況下，可以增加助跑的長度，但不超過 10 步。確保投球員準備起跳時，邁出的腳正確（與持球的胳膊異側的腳）。在兩側的線後 1 公尺處再畫一條線，漸漸提高助跑速度，爭取在相距 1 公尺的兩條線之間將球投出，爭取使球落在對方的 1 公尺寬的兩線之間，每完成一次得 5 分，首先得到 25 分的一組獲勝。在同組的兩個同學之間垂直畫一條直線，來確保投球員在助跑、起跳、投球不會偏離直線。

　　（8）通道內投球練習

　　用 4 套樁門擺成一條狹窄的通道，6～8 人一組，每人拿一個球，輪流練習直線跑動和起跳，練習在一個通道（垂直平面）內完成整個快速投球動作。球送出後，繼續向前跑幾步。儘量不要碰到樁門通道。（圖 2-3-9）

圖 2-3-9　通道內投球練習示意圖

（9）連續投球砸樁比賽

目標：以連續比賽的形式練習基本的投球技能。

器材：每隊 1 個網球或軟球（室內用高彈球），1 套球樁，1 個球托。

練習方法：將全班分成兩組，每組 4～6 人。每組挑選 1 人作為守樁員，隊員輪流投球砸樁，守樁員接球並將球用地滾球方式扔回給下一個投球員，每人投完球後站到隊伍的後面，等待下次投球。每個隊員都投過之後，第一個隊員同守樁員交換位置。每打到一次樁，該隊得 5 分。球打樁前只能彈跳一次。3 分鐘內得分最高的一隊獲勝。條件允許的情況下，每人一球。

還可用粉筆或球托在樁前畫出 5 公尺長、2 公尺寬的範圍。球在所畫範圍內彈跳一次得 5 分，打到樁得 5 分。每次投球最高可得 10 分。首先得 40 分的一隊獲勝。隨著

水準提高，逐漸減小所畫範圍大小。

（10）直臂動作練習方法

　　拉繩法：側身站立，前臂向上抬高，手握繩，繩的一端拴一個網球或軟球。投球臂握球將繩拉至右腿膝蓋後方，前臂用力拉繩，投球臂鬆手放球，投球臂隨球往前甩。

　　搖擺法：雙臂交叉，側身站立，投球臂轉向後。眼睛平視，注視擊球目標。在身體兩側像蹺蹺板一樣上下擺動雙臂。當你感覺擺動狀態良好時，投球臂前擺鬆手。前臂沿左髖迅速向下收，同時投球臂從身前將球拋出。

4. 投球易犯錯誤和糾正方法

投球易犯錯誤和糾正方法

錯誤名稱	錯誤描述	糾正方法
握球法錯誤	手指位置不對	食指和中指分別放在球縫兩側
助跑錯誤	身體重心上下起伏過大	平穩小步跑動，像田徑運動員一樣
助跑錯誤	身體左右搖擺晃動	對準目標，沿著直接方向跑動
起跳錯誤	引臂向身體兩側，執球手遠離身體，前後搖擺不定	引臂向上，執球手靠近胸前，身體向投球方向後傾，重心在後腳，後腳站穩
腳落地錯誤	腳尖朝向投球的方向	腳尖側向投球的方向，腳與投球線平行
投球臂錯誤	投球手臂彎曲	注意力集中在手臂肘部，完全伸直後再揮臂。開始時保持直臂進行練習
轉體錯誤	肩沒有跟著髖同時前轉	身體完全打開並轉向投球目標方向
頭部錯誤	歪向一側	頭部保持正直，眼睛盯住目標

錯誤名稱	錯誤描述	糾正方法
球出手錯誤	過早或過晚，球太高或落地距離太近	瞄準擊球員前 2～3 公尺處的目標，整個身體動作做完全，手指要有控制能力
支撐腿錯誤	支撐腿彎曲	前腳落地後，身體穩定後，伸直前腿
跟隨錯誤	停在原地不繼續向前跟隨	後腳隨髖前移，向前邁出，手臂繼續揮動至身體對側後上，目視前方，繼續跑動兩三步

5. 快速投球技術要點總結

（1）執球手靠近身體，球靠近下頜；

（2）不執球手臂上舉，同側腿抬起；

（3）每次起跳時，腳的位置要正確，後腳落地時應該儘量與投球線平行；

（4）前腿落地，執球手臂直臂向後、向上、再向前揮動，不執球手臂向前、向下壓，身體保持正直；

（5）轉腰轉肩，上身朝向投球目標，執球手臂迅速向上向前揮出，在最高點處投出球，球出手後，手臂經過體前，向身體對側揮動；

（6）眼睛注視目標，身體跟著向前順勢移動。要讓整個身體的運動盡可能在一個與目標成一條直線並垂直於地面的狹窄通道內；

（7）投球手臂在一個垂直地面的圓圈內運動，整個身體動作要幫助手臂在這個垂直平面內運動；

（8）掌握好平衡，手臂和身體在跟隨動作時一定要正確並且完全；

（9）在投球時伸長手臂，出手點要盡可能地高，但一定要舒服；

（10）不能為了追求更快的速度而犧牲準確性。

三、投飄球

飄球是由於一面光滑另一面粗糙的球在空中飛行時，兩面受到空氣的壓力不同，而使球的線路發生改變，給擊球員判斷來球增加困難。投飄球的前提條件是球比較新，當球還是很光亮，球縫還是在它原本所在的位置。當空氣流過球光滑的表面的時候，由於受到來自球中縫的阻力，導致球在飛向盡頭的過程中不斷更改方向，要麼偏向擊球員身體前方，要麼偏向擊球員的身後。

飄球通常分兩種，內飄球和外飄球。取決於投手持球時球縫所在的位置、光面朝向。投出來的球到達擊球員時前一種飄向腿，後一種飄離身前。球向後旋轉也是造成飄球的主要原因之一，因為它能確保球在飛行時沿著球縫在垂直面內旋轉。另外，用舊球投出飄球的可能性極小。

下面分別介紹外飄球和內飄球。

(一)投外飄球（Out-swing）

1. 握球方法

用食指與中指的前端在球縫的兩邊握住球，拇指放在球縫下部，靠在球縫上。球縫斜向左前方，指向大約第一

接擦邊球防守隊員站的位置
處。（圖 2-3-10）

2. 投外飄球技術要領

（1）助跑：有節奏地
跑動，身體保持很好的平
衡。

（2）引臂：眼睛瞄準
球道上固定目標。身體適當
地側轉，後腳抬起，執球手
臂靠近身體。

（3）後腳落地：左臂
向上抬起，輔助瞄準目標。

圖 2-3-10　投外飄球
基本握法

後腳與投球線平行，落地點盡可能地靠近椿門。

（4）前腳著地：前腳落地點稍微超過身體，在 Legside
方向一點。身體半打開，左臂和左肩筆直地指向擊球員。
後臂在身體後側完全伸直，作一個完全擺臂。

（5）球出手：身體的重心逐漸移到前腳，前腿起穩固
的支撐作用。左臂開始下壓，保持平衡。右臂盡可能伸展
到最大高度，手腕向後伸展到最大。從最高點向前用力擲
球，發力順序為手腕、手和手指。肩膀與身體儘量配合手
臂發出最大力量。

（6）跟隨跑：投球後向前繼續跑動，右臂和右肩繼續
前揮，經過體前。放鬆支撐腿，向前邁步，保持身體平
衡。

3. 要點小結

（1）投外飄球，一個基本的握球方式就是把食指和中指靠近，放在球的上面，指尖分別在球縫的兩邊。食指的第一指節通常橫靠著球縫，中指的第一指節在球縫的另一側。大拇指在球的下面，右側靠在球縫上。當拿著球將要投出時，球縫與地面垂直方向有一個微小的角度來指向第一接擦邊球的防守隊員，食指和中指在球縫處輕微地交叉。也可以對上面的握球方式做出調整，但最好要經歷一個「實驗與糾正」的過程來決定什麼握球方式最適合你的投球動作。畢竟沒有一個適合所有人的握球方式。

（2）手指要用力抓住球，保持手腕角度固定，比平時的握球方式稍緊些。投球時，食指和中指及手腕、手應該盡可能地保持在球的後面直到球被投出。不要試圖去旋轉球，要保證跟隨動作是正確的。

（3）在投球的過程中，保持正確的身體姿勢在最高點投球十分重要，這對投出具有危險性和有效地向外偏轉的外飄球有很大幫助。

（4）在正確的跟隨動作中，右臂向下擺動，經過身體前面停在左腿旁邊。

（5）外飄球必須瞄準三柱門，越近越好，盡量讓球的飛行軌跡接近三柱門，尤其是在球很新的時候，很容易在空中飄行。投球時離椿門越近，球就越容易旋轉。

（6）外飄球或突然轉向球必須攻擊椿門並且努力使擊球員向前迎球。盡量不要投出短於最佳距離的球，這樣會使擊球員後跨擊球。

（7）結合優秀選手的投球動作圖片，仔細研究動作要領，並不斷練習。

（二）投內飄球（In-swing）

1. 握球方法

球縫在食指和中指之間，食指通常沿著球縫，球縫稍稍指向「好腿」位置的防守隊員。中指在外面（offside）。拇指在球的最下端，放在球縫正中間。（圖 2-3-11）

圖 2-3-11　投內飄球
基本握法

2. 技術要領

（1）助跑：有節奏地跑動，身體保持好平衡，在到達投球線前逐漸加速。

（2）引臂上步：眼睛從左臂外側瞄準球道上的固定目標。身體適當側轉，後腳抬起，執球手臂靠近身體。

（3）後腳落地：左臂向上抬起，輔助瞄準目標。後腳與投球線平行，落地點離椿門稍微遠一點，靠近返回線。在整個動作過程中始終瞄準目標。

（4）前腳著地：前腳落地點稍微在右腳的斜前方，不在一條直線上，身體半打開。左臂和左肩指向擊球員，開始向下揮臂，有助於保持平衡和瞄準目標。後臂在身體後側完全伸直，做一個完全的擺臂。肩軸線與椿門平面垂

直,眼睛從左臂上方盯住擊球員,胸轉向擊球員。

(5)球出手:身體的重心逐漸移到前腳,前腿起穩固的支撐作用。左臂開始下壓,保持平衡。右臂盡可能伸展到最大高度,指向天空,手腕向後伸展到最大。從最高點向前用力擲球,發力順序為手腕、手和手指。手指和手向下使勁拉切球的內側,肩膀與身體儘量配合手臂發出最大力量。身體重心逐漸移到前腳,左腿和左髖起穩固的支撐作用,右臂和右肩開始向下運動。眼睛看著球飛向既定目標。

(6)跟隨跑:投球後向前繼續跑動,右臂和右肩繼續前揮,不經過體前,沿著右膝向下,胸完全朝前。放鬆支撐腿,向前邁步,保持身體平衡。

投球的時候,採用高動作,手臂要儘量甩離身體至腳前面停止。這樣球在飛行時就會不斷改變方向並且旋轉著向對面飛去。內飄球要瞄準擊球員身體前面投出,並且要稍偏離三柱門。為了能飄向樁門,投手應對準遠樁柱投球。不管是內飄球還是外飄球都應有一個好的落點距離,誘使擊球員上來擊球。一旦成功地使對方上前擊球,那麼隨後的飄球就可能變向,導致擊中樁門或擦上板沿,致使擊球員被接殺淘汰。

3. 要點小結

(1)一般的握球方法是:食指和中指靠近但不接觸,在球「頂部」,兩指尖幾乎與球縫平行。食指一般沿縫放置但不放在縫上,中指線上縫之外貼在球上。拇指的右側在球下端的中縫處。當握球準備投球時,球縫應略微指向

「好腿」方向成一定角度；如上述握球法並未獲得良好的效果，則應嘗試其他手法，直至找到一個最適合自己的方法。握球方式沒有固定規範的模式。

（2）右腳在最後落地時與投球線盡可能地平行。

（3）雙腳同時都在地上時，左腳要微微與後腳張開一定角度，不要與右腳在一條線上，右臂沿右髖下擺，投球時使身體變為部分打開前胸的狀態。在球出手時，手和手指可以「下拉」或「下切」球的相關部位。

（4）更多地運用手指握球，手腕保持放鬆，不要太緊張，拉得太緊。當球出手時，手指和手要在接觸球的附近迅速下拉，不要試圖去旋轉球。

（5）不要浪費時間和精力用一個舊的或破的球來投球，因為表面的光滑和亮潔對投飄球很重要。

（6）投球或傳球時所有防守隊員都有責任盡力保護球的完好。傳球時應當傳長直球，而不是反彈球。把球傳給投手或守樁員或彼此間傳遞時，始終讓新球在空中飛行，遠離地面。

4. 練習方法

練習 1　徒手動作練習

教師講解動作要領並做示範。練習者手持球站成一排，練習投飄球的技術動作。老師注意觀察並糾正錯誤動作。

練習 2　實球練習

器材：每組 1 個樁門，若干只用透明膠帶纏繞一半的網球，使球一半光滑一半粗糙。

　　練習方法：練習者離球門 15～20 公尺，先練習投內飄球，在地面上標出球飛行線路。再用同樣方法練習投外飄球。同組學生間互相幫助觀察球的飛行線路。

(三)投飄球技術要點小結

　　對於快速投手來說，要想高效投球，不能僅靠手臂，身體必須全部協調好。在平穩協調預備練習時，努力使手臂和身體處於最佳協調狀態，投球時要恰當控制和擊球後跟隨動作會最大化地幫助維持身體平衡和控制球。

　　投手的身體在開始投球時，左肩朝擊球員傾斜，在完成投球時右肩會面向擊球員，並沿一定角度滑下，左腿支撐住並承受全身重量，投球後手腕伸直。

　　① 正確的握球姿勢；

　　② 助跑動作要流暢穩定，距離適中；

　　③ 仔細丈量好投球前的步數；

　　④ 助跑開始階段動作要慢，逐步加速，到投球線的最後幾步達到最高速；

　　⑤ 在投球起跳的最後一步，右腳應儘量做到幾乎與投球線平行；

　　⑥ 好的投球動作應該儘量上手臂高舉，但是必須舒服自然；

　　⑦ 投球動作時，左手抬高，至少到前額位置，並且指向對面的擊球員；

　　⑧ 投手的目光應該在左手之後，在左肩之上，向下看到球道。

　　⑨ 很有節奏，放鬆地投球，身體充分伸展；

⑩ 球出手時，身體的重心和投球的力量轉移到左腿上，此時左腿伸直，完全支撐；

⑪ 球出手時，靠近樁門，在樁門上方，左腿微微超出身體，腿朝向擊球員的身前；

四、手指旋轉投球

1. 握球方法

用食指和中指沿著球縫穩穩地握住球，兩指間距大一些，但要自然。拇指放在球一側靠近球縫的地方。其餘兩個手指幫助保持球的平衡，如圖 2-3-12 所示。

手指旋轉投球的握法不是唯一的，此處介紹的是許多著名的手指轉球投手使用的標準的基本持球動作。食指與中指分得越開，它們對球施加的作用力就越大。球的旋轉可以由調節這兩個手指間的距離來控制和改變。

投球沿順時針方向旋轉（自左向右轉），而且主要靠

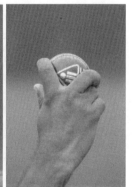

圖 2-3-12　用手指轉球基本握法

食指和中指帶動其旋轉，尤其是食指。食指的第一指節有力地握在球縫的邊緣，這樣在球旋轉時它就能帶動球縫向下和向前運動。要給球施加更大的旋轉，手腕的動作很重要。手腕帶動手迅速轉動，就像快速轉動門把手一樣。球出手時手掌要轉向朝上，而拇指要指向球道。

2. 技術要領

（1）助跑：比快速投球短。（圖 2-3-13①，圖 2-3-13②）

（2）起跳：同快速投球相似。（圖 2-3-13③）

（3）後腳落地：腳橫向著地，基本上與投球線平行。身體側向投球方向，右手放在右大腿後面，前面手臂上舉，執球手臂靠近身體。眼睛從左肩上方看球道。（圖 2-3-13④）

（4）前腳著地：執球手臂向後向上揮時放鬆手臂，手腕繼續緊鎖，向後方高高翹起，拇指朝向斜前方，指向擊球員前方的位置。手掌朝上，身體半打開，側向門柱的方向。（圖 2-3-13⑤）

（5）投球：左腳稍微前跨，指向擊球員身後的方向，球出手點要高，雙眼盯著球將會落向的地方，身體完全打開。投球手臂從後向前揮出。球出手瞬間有些延遲，讓肩完全轉向朝前，手臂經身體前方向對側揮動，球在手臂經過頭時出手。（圖 2-3-13⑤）

（6）跟隨：身體重心轉移到前腿，左肩向後轉，右臂繼續前移，經過體前。右腳繼續向前邁一步，右臂和右肩完全繞過身體，眼睛集中在擊球員身上，拇指指向擊球

①

②

③

④

圖 2-3-13　用手指轉球技術分解示意圖

員。（圖 2-3-13⑥）

3. 練習方法

練習 1　旋轉過線練習

器材：兩人一組，1 個球，畫一條地面上的線或用兩個標誌物或椿門代替。

練習方法：單膝跪地，用下手學習用手指旋轉扔球，像開門上的球型把手一樣地順時針旋轉球。讓球落到線的一端，然後反彈旋轉到另一邊。不斷重複練習，逐漸抬高手臂，直到變成上手投旋轉球練習。（圖 2-3-14）

練習 2　投手指旋轉球練習

器材：兩人一組，1 個球，畫一條地面上的線或用兩

圖 2-3-14　旋轉過線練習示意圖

個標誌物或椿門代替。

　　練習方法：用上手投手指旋轉球，沿著線的方向投球，看球運動的方向是否有明顯改變。

4. 要點小結

　　（1）助跑動作必須連貫、規則，距離合理；

　　（2）後腳基本上與投球線平行，左腳微微向左，右臂往上擺時手臂放鬆，手掌在後，掌心朝天，而大拇指指向擊球員前方，同時身體轉向門柱的方向；

　　（3）投球時盡可能高地伸長手臂，但一定要舒服，雙眼盯著球將會到的落點；

　　（4）以左腳承受體重，左肩向後擺，右肩往前方轉，同時右臂擺過身體到前方，當手臂過頭部的時候投球，速度要快；

　　（5）每天花幾分鐘轉球，這樣手指和手腕能得到極大的鍛鍊，堅持不懈地練習對於旋轉投球十分重要。

五、手腕旋轉投球

1. 握球方法

用食指、中指和無名指三個手指，繞球縫握住球，手指分開適當距離，感覺舒適有力，拇指輕靠在球縫上，另外一個手指彎曲併攏收回。（圖 2-3-15）

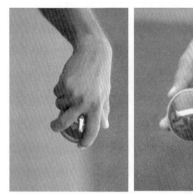

圖 2-3-15　手腕旋轉投球基本握法

2. 技術要領

（1）助跑：比快速投球短。（圖 2-3-16①）

（2）起跳：同快速投球相似。（圖 2-3-16②）

（3）後腳落地：後腳側對投球方向，落地點與投球線平行，身體側向投球方向，前面手臂上舉，後手手腕向內屈鎖住，手臂靠近身體，眼睛通過手臂一側看準目標。（圖 2-3-16③；圖 2-3-17①）

圖 2-3-16　　手腕轉球技術分解示意圖（右手）

（4）前腳著地：執球手臂向後向上擺動，手腕繼續緊鎖，拇指朝向斜前方，手掌朝上，身體半打開，側向門柱的方向。（圖 2-3-16②；圖 2-3-17②）

（5）投球：前腳稍偏向右前方，球出手點要高，眼睛盯住球的落地點，身體完全打開。投球手臂從身體後外向前內側揮出。利用快揮臂動作向下投球，而不是緩慢的動作，讓肩完全轉向朝前，手臂經身體前方向對側揮動，球在手臂經過頭時出手，投球手的手掌面對擊球者。（圖 2-3-16⑤；圖 2-3-17③）

（6）跟隨：身體重量全部轉移到前腿，左肩向後轉，右臂繼續前移，經過體前。右腳繼續向前邁一步，右臂和右肩完全繞過身體，眼睛集中在擊球員身上。（圖 2-3-16⑥；圖 2-3-17④）

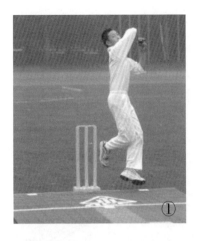

圖 2-3-17 手腕轉球技術分解示意圖（左手）

3. 練習方法

練習 1 手腕旋轉球過線練習

器材：兩人一組，1 個球，畫一條地面上的線或用兩個標誌物或椿門代替。

　　練習方法：單膝跪地，用下手旋轉扔球，學習用手腕轉球，像開門上的球型把手一樣地逆時針旋轉球。讓球落到線的一端，然後反彈旋轉到另一邊。不斷重複練習，逐漸抬高手臂，直到變成上手投手腕旋轉球練習。（圖 2-3-18）

圖 2-3-18　　手腕旋轉球過線練習示意圖

　　練習 2　投手腕旋轉球練習

　　器材：兩人一組，1 個球，畫一條地面上的線或用兩個標誌物或樁門代替。

　　練習方法：上手投手腕旋轉球，沿著線的方向投球，看球運動的方向是否有明顯改變。

4. 旋轉球技術分析

　　在投旋轉球過程中，手腕的作用十分重要。沒有手腕強烈轉動和手指所施予球的旋轉力矩，球只能向前慢速出手而不會在接觸地面後明顯偏轉。這樣的投球將變得輕而慢，是較差的投球。如果手腕投球中存在真正的旋轉速度，將會出現有力度的投球，投手也不會在投球後向前走

步。

　　投手指旋轉球時，食指對球產生重要作用，在手腕釋放球的瞬間，手腕是向前、向外彎曲的，掌心對著擊球員，球將向球道上的特定點飛去。投手重心隨著腳步前移，直至將球從手中投出。

　　投手腕旋轉球時，手腕向外伸張，完成投球的動作。無名指是投球的重要手指，使球產生旋轉並投出，飛向擊球員。在投球後瞬間，手指充分伸展，手向下彎，在身前傾斜來幫助維持投球後的平衡。

　　（1）跨步引臂是制動和發力的基礎。（圖2-3-19）

　　（2）前移重心和穩定的支撐是發力的保證。（圖2-3-20）

前臂下壓

牢回的平面

● 跨步距離大，保持穩定的基礎

圖2-3-19　投球時前腳著地瞬間示意圖

● 髖和肩完全轉到支撐
　腿前

● 手腕從鎖住狀態到完
　全打開

圖 2-3-20　球出手瞬間技術分析示意圖

5. 要點小結

（1）助跑到投球線前，動作必須連貫，規則，長度較短。

（2）投球動作必須掌握好平衡，手臂和身體在重要的跟隨動作時一定要正確並且完全。

（3）為獲得對方向最大程度的控制，在投球伸長手臂時一定要舒服，但要盡可能地高。

（4）為了提高效率，投球上步時腳的位置要正確。每次投球，後腳落地時都應該儘量與投球線平行。

（5）每天花幾分鐘轉球，手指和手腕能得到極大的鍛鍊。

六、投球基本理論

1. 投球長度（距離）

板球中的「投球長度」是指投出的球在球道上落點的距離，往往是相對於站在正常位置的擊球員而言。投球距離是由投球出手點在投球弧上的位置決定的。（圖 2-3-21）

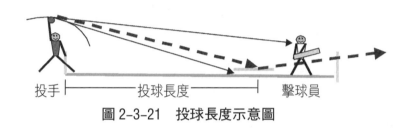

投手　├──────投球長度──────┤　擊球員

圖 2-3-21　投球長度示意圖

　　一般來講，一個好的投球距離是會讓擊球員在擊球時進退兩難的，不知道應該用前跨還是後跨。當我們說投球距離最佳的時候，同時還要考慮到擊球員的類型和球道的條件。擊球員的動作和腳步不同會有很大的差異。球道的變化也很大，球道條件很好的時候，擊球員前跨擊球會很安全，但如果場地對球很黏（球道損壞嚴重或者由於下雨場地很泥濘），擊球員前跨擊球就比較困難了（經常被砸椿淘汰），而後退擊球就相對容易和安全。只有由豐富的經驗才能把握好不同的條件下，所需投球距離之間改變的微小差別。如果要成為一個好的投手，就必須儘早學習，不斷練習，直到隨心所欲地投出你想要的距離。

　　各種長度投球的名稱如下。（圖 2-3-22）

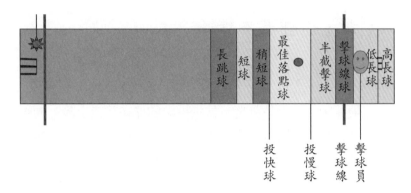

圖 2-3-22　各種投球落點名稱示意圖

（1）最佳長度投球（Good Length）

這是每個投手投球時追求的最佳目標，讓擊球員難以判斷採用何種技術擊球。偶爾擊球員也會故意試著投出直接落在球板下面的球或反彈很高的球，以迷惑和淘汰擊球員。「最佳長度」是與其他長度的投球相比較而言的，知道了其他投球長度會有助於理解「最佳長度」的意義。

（2）長跳球（Long hop）

投出的球落在球道的一半長度處。反彈起來的球較慢，擊球員有足夠的時間判斷採用何種方式擊球，可以用最大的力量把球擊到想擊的位置上去，通常是把球拉擊到身體的後方場地。

（3）短球（Short ball）

落點長度比長跳球稍遠，屬於較差的投球。擊球員可以採用後跨擊球輕鬆得分，尤其是在好的球道上。

（4）稍短球（Short of a length）

落點長度比長跳球和短球更近一點，比最佳投球稍

短。在好球道上是一種很好的防守性投球，在反彈性較差的球道上可以較容易地砸中樁門。

（5）半截擊球（Half Volley）

落點長度超過最佳落點範圍，擊球員可以在球剛反彈起來時大力將球擊出去。但當投飄球和擊球員較差時，它也是一種讓守樁員容易接到的球。

（6）擊球線球（Yorker）

投球落點恰好位於擊球員腳站的位置（擊球線上）。投球可以保證守樁員的接球效率，也可以直接擊中樁門而淘汰擊球員。對於任何擊球員來說，擊球線投球都是非常難擊好的，尤其當他在本局開始時還沒有鎮靜下來時，有可能把球擊高。

（7）長直球（Full toss）

投出的球沒有在地面上反彈，擊球員可以根據球到達的高度判斷採用不同的擊球技術。同長跳球一樣，長投球也被看做是白送給擊球員的禮物。

（8）攻擊性投球（Beamer）

高度在擊球員頭部的長投球。在任何情況下，投手都不要試圖投出這種攻擊性的投球，這對擊球員是很危險的，屬於危險和不公平的投球，投手會被裁判警告。

投球長度決定著擊球員將採用的擊球方式，如果擊球員能夠根據投球長度採用正確的擊球方法，他既可以最大可能地保護好樁門不失，還比較容易得分。如果擊球員判斷不好投球長度，採用錯誤的擊球方法，則很可能樁門不保，被淘汰下場。

一個練習投球距離準確度的有效方法是：首先，在一

個通常認為是好的落點位置，用膠帶畫一條線或者打一個叉，對練習來講，這個位置一般在擊球員身前 1.2～1.8 公尺。不斷練習，直到你能夠打到所做的標記以內幾英寸的半徑範圍內，十中八九。從開始助跑起，就把注意力完全集中在這個標記上，保持流暢的助跑和身體動作，這樣應該很快就能達到這個距離準度的要求。當達到之後，再把標記做得更小一點，或者放得更遠一點。繼續練習投球，直到能夠隨心所欲地投出任何距離的球。

值得注意的是，對於小孩來說，例如，10～14 歲的小孩，要他們把球投到 20 公尺外的準確位置確實有點困難。明智的教練員會在短一些的球道上教小孩投球，長度根據男孩的年齡和個子的大小而逐漸變化，最長到 18 公尺，讓他們在這個長度上學習控制好投球。隨著球員的長大，球道可以逐漸地加長。

2. 投球方向

投球方向與投球長度同樣重要。應該將球投向三柱門，這種情況下，擊球員才可能去擊球從而可能被砸樁淘汰；或者將球投向樁門的兩側，擊球員可能上去擊球，從而被截殺淘汰。有變化是投好球的重要一部分，因為如果球每次都是被投到同一點，那麼擊球員將會適應，也許用簡單的擊球方式就可以應付每一個投球。旋轉、球速以及球的飛行線路的改變，需要投球方向以及距離的不斷改變。球不是每次都必須投向樁門的。（圖 2-3-23）

投球方向是由肩膀和手臂的旋轉角度決定的。

在多數情況下，投球方向為正對樁門和樁門邊柱外一

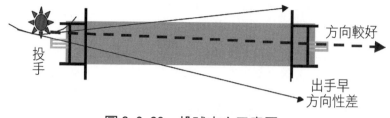

圖 2-3-23　投球方向示意圖

點之間的區域。這樣投球的目的是為了讓擊球員能打到球，然後才有機會把擊球員截殺出局。擊球員在這種情況下，往往會認為如果不擊球，球就會擊中樁門，從而被投球直接殺出局。

　　初學投手和主要靠速度或飄球取勝的投手們，必須努力不斷地練習投球方向和投球準確性。練習投球時，儘量向樁門投球，逼迫擊球員去擊球。投手不能投在樁門兩側過寬的球，要讓球直接飛向守樁員。當投手經過艱苦的練習，掌握技術要領以後，可以按照自己的選擇投出任意落點的球，這時才可能有更精明的意識，利用旋轉、飛行線路和速度的各種變化來投出好球。

　　方向和距離的精準度是所有好的投手所需掌握的本質和基礎，但只懂得這些還不夠。面對高水準擊球員時，最成功的投手還會利用旋轉、飛行線路和速度變化的精妙調節，投出讓擊球員感到意外的球，這樣才能獲得成功。身體條件優秀的投手，再經過大量艱苦地訓練和勤奮學習鑽研技術原理，就會成為掌握投球準確性的投球專家，精於對球的速度、旋轉和飛行線路變化的控制，從不失誤，經常直接砸中三柱門，很少投寬球。另外，優良的性格和耐

力也是成為一名優秀投手的重要因素。

第四節　擊　球

一、擊球技術概述

擊球是板球技術中極其重要的一個環節，擊球技術好，可以在進攻時得到高分，獲得比賽的勝利。同時，擊球也是初學者最喜歡的一項技術，用球板擊球，可以獲得樂趣和興奮感，從而增加對學習板球的興趣。

(一)擊球技術分類

擊球技術按目的可以分成進攻性擊球和防守性擊球兩大類。

進攻性擊球是擊球員主動出擊，力圖得分的擊球技術運用方式。進攻性擊球按擊出球的線路不同也可分為不同的擊球技術，如斜前方前跨擊球、斜後方前跨擊球、切球、拉球、鉤球、橫掃、後跨擊球等。

防守性擊球則是以保護樁門或保護自身不受傷害為主要目的的擊球技術運用方式，包括前跨防守和後跨防守等。

當球以不同的方式彈向擊球員時，擊球員應該採取不同的擊球方法，這與擊球員的擊球技能和偏好有關。擊球是擊球員與投手之間一對一的較量，必須心無旁騖。在球沒有離開投手之前，千萬不要做出是否要揮板的決定。但只要對方一投出球，就必須要在1秒鐘之內做出決定——是否向前或向後？採用何種技術擊球？站在來球飛行線路

的後面，則是一條基本的擊球定律。

擊球技術按擊球動作還可以分成後跨性擊球和前跨性擊球兩大類：

後跨性擊球包括後跨防守、切球、拉球、鉤球、後跨掃球等。

前跨性擊球包括前跨防守、前跨擊球、橫掃、後掃等。

(二) 擊球線路名稱

各種攻擊性擊球技術按擊球方向不同可以分為直線擊球、斜前方擊球、中前方擊球、斜後方擊球等。（圖2-4-1）

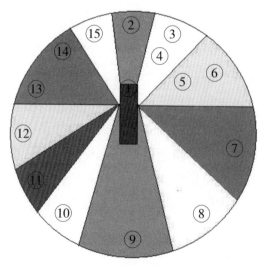

圖 2-4-1 擊球線路名稱

以右手擊球員為例，擊出的球在不同的區域名稱如下：

1＝batting end　擊球端

2＝byes

3＝leg byes

4＝backlap／sweep　後掃／橫掃

5＝sweep　橫掃

6＝hook　鉤球

7＝pull　拉球

8＝on drive　斜後方擊球

9＝straight drive　直線擊球

10＝off drive　斜前方擊球

11＝cover drive　中前方擊球

12＝forcing shot off the back foot
　　　　後腳大力擊球

13＝cut　切球

14＝late cut　晚切球

15＝running the ball to third man
　　　　球飛向第三人

(三)擊球準備階段

各種擊球技術動作的開始準備階段都是相似的。下面介紹擊球前的準備過程。

1.穿戴擊球護具和裝備

（1）護腿：

穿好護腿，繫緊護帶，讓護腿舒適地靠在小腿上。這樣可以減少由於球撞到鬆散的護墊上彈起而被截殺的可能性。因此，在上場之前，一定要給予擊球員充足的時間穿戴護具。記住，同時讓兩個準備上場的擊球員都穿上護腿是較好的做法，這樣能夠避免由於過快把擊球員淘汰而引起的混亂。一定要讓擊球員們有充足的時間把護腿穿得舒服些。（圖2-4-2）

（2）擊球員手套：

在進行擊球的時候，每一個板球球員都應該戴手套。不戴手套，手指在擊球的時候往往有被擊傷的危險。板球手套有著各種不一樣的樣式，以供擊球員選擇適合自己的

圖 2-4-2　擊球裝備——護腿的穿戴方法

款式。第一次穿戴手套會稍感不適應，但是短時間之後就能夠很快適應戴著手套進行運動。

（3）護身：

男性擊球員在擊球時必不可少的護具，不應該讓球員冒著嚴重受傷的危險在沒有護襠的情況下進行板球運動。

（4）護胯：

為了增加對髖和胯的保護，護胯的材料一般為海綿。護胯的基本形狀是長方形的，厚度大約有 1～2 公分。護胯有不同的型號，擊球員應當根據自身的情況選擇適合自己的尺碼，以保證自己的身體在有效的保護下進行運動。

2. 確定站位

確定站位是擊球員確定站在樁門前的防守位置。通常

擊球員的球板在中樁柱之間連線、腿樁柱之間連線或中樁柱和腿樁柱之間的位置，三者選其一。當讓投手方裁判員幫助自己確定想要的站位後，擊球員就要在擊球線上的相應位置做個記號，尤其重要的是，這個記號要記住，每次擊球前都要站在一致的位置上。（圖2-4-3）

圖 2-4-3　確定站位

3. 握板方法

擊球員站在擊球線上，將球板面朝下放在地上，板柄頂端指向兩腳之間；彎下腰，雙手緊握板柄，將球板拿起來。舒適地握住板柄，兩隻手彼此靠近，拇指和食指組成「V」字型，兩個「V」字的尖端與板背面突起的脊成一條直線；雙手靠近，圖中位置較低的手緊握板柄，離板肩保持 6～10 公分左右的距離。（圖 2-4-4）

左手保持原有位置不變，緊握板柄。為了更好地控制板進行防守性揮板或在三柱門後擊球，右手必須靈活地向下面板鋒移動。如果是左手球員，那麼以上描述需要按照相反的情況執行。

像這樣反覆練習幾次，將會找到一種自然而且舒服的持板方式。

握板的方法可以根據個人愛好和特點稍做調整，以達

圖 2-4-4 握板法

到最佳的擊球效果。

4. 站 姿

對一個初學者來說，採用正確和舒適的站姿是很重要的。

（1）技術要領

擊球員身體側向投手站立，兩腳自然平行分開，一隻腳站在擊球線的內側，另一隻腳在擊球線的外側。身體重心放在兩腳正中間，兩膝稍微彎曲。頭部保持正直，轉向來球方向，兩眼平視，盯住投手。身體前側的肩膀和肘部對準投手，身體保持平衡，便於向前或向後快速地移動。正常站位的球員，球板應放在椿門中椿前面。喜歡往身體斜前方擊球的球員，可以站位偏後一點。（圖 2-4-5）

圖2-4-5　站　姿　　　　　圖2-4-6　板後提

（2）要　點

① 身體：站得太直或彎腰太過都不好，要在這兩者之間找到一個最適合自己的位置。放鬆，膝關節稍屈，使全身的重量儘量平均分佈在兩腳上。雙肩不要過於偏離兩椿連線的任意一邊。避免讓「兩肩」和胸部敞開正對投手。

② 腳：後腳平行於擊球線，與之相距 5～8 公分，前腳稍微跨過線，也近似地平行於擊球線。這是大多數有名的擊球員所接受的一種姿勢。身體的重量應當均勻地平衡分佈在兩條腿上，兩腳後跟的間距為 10～25 公分，由自己決定取最舒服的距離。兩隻腳的後跟最好在一條線上。另外，為了避免 LBW 出局，站在近椿柱時，必須格外小心，使腳趾略微偏向近椿柱外。擊球員只有站在正確的位置和正確的姿勢才能輕鬆地向前、向後擊球，步伐快速移動。

③ 膝蓋：膝蓋略放輕鬆——不要僵硬——以便快速移動。

④ 頭部：儘量保持不動、豎直，並且轉頭直接注視著投手。兩眼必須完全注視飛過來的球。

⑤ 球板：把球板頂端儘量自然舒適地放在擊球線上，正好在後腳的前面一點。也可以把球板放在後腳的後面或者放在兩腳之間。

5. 板後提

球板直接向後提起，強調左手和胳膊的控制。前手和後手互相配合，前手控制住球板，後手手腕上抬，使球板靠近身體後提至腰的高度，整個身體要感覺協調舒適。擊球員一開始很可能覺得這個動作有些不舒服並且不自然，但是，當你帶著克服困難的決心進行足夠的訓練包括在對著鏡子進行練習之後，這個困難將會消失並且學會正確的板後提動作。身體將會較好地掌握平衡並且左肩的姿勢會自然正確地向下面對著場地。

可以在鏡子（玻璃門窗）前面反覆練習自己的提板動作，觀察整個動作的合理性和一致性。（圖 2-4-6）

(四) 擊球專項準備活動

每人一支球板，一個球，可以由下面的練習熟悉對板的感覺，增強對球板的手感。

1. 雙手握板用板正面垂直向上掂球。（圖 2-4-7）
2. 單手握板用板正面垂直向上掂球。（圖 2-4-8）
3. 按節奏垂直向上掂球。

圖 2-4-7　雙手握板掂球　　圖 2-4-8　單手握板掂球

4.花樣掂球：板繞球一周後再掂球。（圖 2-4-9）

5.用球板側面、背面掂球。（圖 2-4-10）

6.雙人面向掂球兩次然後傳給同伴：兩人相對 5 公尺，用板掂兩次球後傳球給對方。

7.雙人面向花樣掂停傳球：兩人相對 5 公尺，用花樣擊球方法擊球後停住，然後傳給對方。

圖 2-4-9　花樣掂球　　圖 2-4-10　用球板側面掂球

8. 空中停球：將球擊向空中，在落下時用板將球接住停在板面上。

二、前跨擊球

前跨擊球是最典型的板球技術動作，也是公認的最優雅的擊球動作，是運用較多的擊球技術。當投手投出來的球正對樁門且落點靠近擊球員時，通常採用前跨擊球技術。前跨擊球動作舒展，引板充分，擊球力量較大，容易控制擊球方向，是一種很好的得分手段。

1. 技術要領

前跨擊球分為 4 個基本步驟。（圖 2-4-11）

第一步：準備姿勢

握板方法：左手握住板柄的上端，右手與左手靠近，

- 自然握緊球板，食指拇指成「V」型，指向球板隆起的脊部
- 保持身體重心穩定，重量平均分佈在兩腳上
- 雙膝微微彎曲，手肘放鬆
- 兩腳分開與肩同寬
- 保持頭部在一個能看清投手的位置，兩眼平視
- 身體協調地側面站立，雙肩微微展開

成兩個「V」字型，右手放鬆。

擊球準備姿勢：兩腳分開與肩同寬，腳尖平行，側向前方站立，上體前傾。雙手持板，板頭放於右腳前端。頭保持端正，轉向擊球方向。眼睛看來球方向。

第二步：後提板

動作要領：以板柄頭為軸，使板子向後方旋轉，板頭向上。雙臂與球板組成一個倒「9」字形。左腳向擊球方向邁一小步，右腳以腳掌為軸同時轉動。

②

- 身體側面站立，朝向球飛行的路線
- 腳、肩膀、手臂和球板要協調一致地運動
- 前面的肩膀根據來球的方向下沉
- 雙肩、手臂、球板保持在同一水平面之內
- 板向後擺，與雙臂組成倒「9」字
- 手臂和球板要貼近身體，後擺接近於後臀的位置
- 用張開的手的前端緊握球板，手腕立起
- 在向前移動時，兩腿彎曲並且保持穩定
- 支撐腳要保持全腳掌著地
- 身體重心應該放在腳後跟，或在身體的內側
- 腳站立位置應保持適當空間，以保證自由揮板擊球

第三步：揮板擊球

動作要領：以垂直於兩肩鎖骨組成的平面的矢狀軸為軸，身體向前方轉動，以腰帶動肩，然後是手臂和球板。在擊球時，板子要垂直於地面，用靠近板子頂端1/4左右的位置正擊來球。要注重力量的運用和發力。

- 向下揮板前應該先完成向前踏步的動作
- 揮板時兩膝支撐，兩腳保持穩定
- 肩、手臂、球板保持在同一平面之內轉動
- 重心放在雙腳後跟上
- 肩部旋轉並保持手腕直立
- 當雙肩運動速度減緩並趨於靜止時，手腕放鬆
- 在擊球前適當增加或減慢球板的速度
- 手腕放下，用雙手控制板的最後速度
- 板面的角度與目標方向成90°角
- 擊球時儘量使板的迎擊面最寬
- 雙手握緊以保證發出需要的力量，兩腳保持穩定
- 揮板時盡可能與目標成一條直線

第四步：順勢揮板

擊球後，板子要繼續揮動，手腕放鬆，板頭自然擺動

- 擊球後球板應向著目標的方向繼續揮動
- 球板在肩部上方停止
- 兩手儘量靠近身體
- 後肘彎曲繞過下頜，兩手臂交疊
- 在整個擊球過程中兩腳保持不動，身體保持穩定

圖 2-4-11　前跨擊球技術分解示意圖

到頭後，吸收多餘力量。

2. 前跨擊球要點小結

（1）握法：張開後手，放在板背脊的邊緣，用兩個手指（非手掌）握住板柄的後部。

（2）站姿：兩腳分開與肩同寬，重心放在中間，髖和肩與投手成一條直線，頭部保持正直，眼睛平視；

（3）後提板：板向後擺，與雙臂組成倒「9」字，保持在同一水平面之內，手臂和球板要貼近身體。

（4）上步移動：重心從後腳移到前腳（滾動），停在前腳掌處。

（5）揮板：兩膝支撐，兩腳保持穩定，肩、手臂、球板保持在同一平面之內轉動。

（6）擊球：雙手握緊以保證發出需要的力量，兩腳保持穩定，儘量使板球的迎擊面最寬，盡可能與目標成一條直線。

（7）隨揮：擊球後球板應向著目標的方向繼續揮動，後腿順著球前移以保持平衡。

（8）前跨擊球擊出的球的方向和區域：見圖 2-4-12。

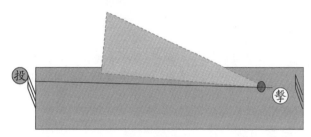

圖 2-4-12　前跨擊球擊出的方向和區域

3. 易犯錯誤和糾正方法

前跨擊球易犯錯誤和糾正方法

錯誤名稱	錯誤描述	糾正方法
握法錯誤	兩手位置錯誤	左手握住板柄，右手與左手相近，握住靠近板柄和板子的結合部，右手放鬆
站姿錯誤	兩腳分開過寬或過窄	兩腳分開與肩同寬，保持身體重心穩定，重量平均分佈在兩腳上
站姿錯誤	頭部未保持正直	頭保持端正，轉向擊球方向，眼睛看來球方向

續表

錯誤名稱	錯誤描述	糾正方法
後提錯誤	板超出身體平面之外	雙肩、手臂、球板保持在同一水平面之內
揮板錯誤	揮板方向不在垂直平面內	肩、手臂、球板保持在同一平面之內轉動
擊球錯誤	雙腳離地，重心不穩	兩腳保持穩定，雙手握緊以保證發出需要的力量
擊球錯誤	擊出球與目標方向不一致	揮板時盡可能與目標成一條直線
隨揮錯誤	沒有隨揮動作，擊球後板子停在半空中	擊球後球板應向著目標的方向繼續揮動，在肩部上方停止

4. 練習方法

（1）徒手動作練習

教師講解動作要領並做示範。將全體學生分成兩人一組，一組一支球板。持板人站成一排，練習揮板擊球。另一人站在同伴後面 2 公尺以外，注意觀察同伴動作。練習 10 次徒手擊球動作後換人，互相糾正動作。

（2）實球練習

練習 1　用球托練習前跨擊球

器材：每組 1 個球板、1 個球、1 個球托。

訓練方法：2 人、3 人或 4 人一組，擊球人將球擊向自己 10 公尺左右距離的搭檔，如果後面有擋網，用其擋球。如果沒有，讓另一名隊員在後面擋球。擊球 6 次後兩個人交換角色。（圖 2-4-13）

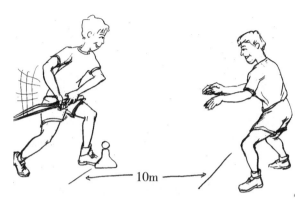

圖 2-4-13　前跨擊球練習示意圖

練習 2　前跨擊下落球練習

器材：每組 1 個球板、1 個球。

方法：兩人一組，練習者將球夾在下頜，或用另一隻手拿球，做完後提板動作後，鬆開下頜，或鬆開手，讓球自由落下，待球反彈起來後，用球板向前擊球。練習時要求擊球的正前方有擋網或同伴。開始可等待球第二次反彈時再擊球，逐漸過渡到反彈一次後擊球。（圖 2-4-14）

練習 3　前跨擊地滾球

器材：每組 1 個球板、1個球。

訓練方法：兩人一組，相距 5～10 公尺，在練習者做完後提板動作後，同伴將球從地面上輕輕滾過去，練習者前跨

圖 2-4-14　前跨擊下落球
練習示意圖

圖 2-4-15　前跨擊地滾球示意圖

擊球，把球擊向正前方的擋網或擊回給同伴。（圖 2-4-15）

練習 4　前跨擊下手扔球

器材：每組 1 個球板、1 個球。

訓練方法：兩人一組，相距 5～10 公尺，同伴用下手扔球，在練習者做完後提板動作後，同伴將球扔向練習者前面的地面上，練習者等球反彈起來後，用前跨擊球向前擊球。練習時要求把球擊向正前方的擋網或同伴。（圖 2-4-16）

圖 2-4-16　前跨擊下手扔球練習示意圖

提高方案：

① 在投球員身後 3 公尺的地方擺兩個球托（球托之間相隔 5 公尺）。擊球員將球擊入球托之間的區域。隨著擊球水準的逐步提高，逐漸縮小球托之間的距離，或是增加球托與投球員之間的距離。

② 減少球到達擊球員之前的彈跳次數，比如 1 次。

練習 5　上步前跨擊球

器材：1 個球板、1 個擺放球的球托。

練習方法：距離球托兩步遠，用前交叉步或後交叉步上步，然後接前跨擊球。（圖 2-4-17）

圖 2-4-17　上步前跨擊球示意圖

練習 6　前跨擊吊線球

器材：1 個球板、1 個連有繩子的球。

訓練方法：將底端帶有球的繩子繫在橫樑上，懸吊起來，距離地面有一段距離，根據練習實際要求確定。用前跨擊球方法練習，教師注意糾正擊球動作錯誤。練習擊球時機和完整動作。（圖 2-4-18）

圖 2-4-18　前跨擊吊線球練習示意圖

（3）雙人配合擊球練習

一人持板準備好，另一人將球從擊球員頭部前方垂直放下，待球反彈起來後，擊球者用正確姿勢擊球。

（4）分組練習

時間：20～30 分鐘

器材：每組 1 塊球板，3 個網球或板球，1 組樁門，4 個球托作擊球線。

練習方法：根據球板的數量，將全班分成人數相同的組，5～6 人一組。1 人充當擊球員，1 人充當守樁員，其餘同學投球和做防守隊員。每人擊球 5 分鐘後交換，輪流充當擊球員和守樁員。根據學生投球水準，可分為兩種練習：

① 當擊球員說「準備好了」時，投球員下手扔球，球在地面上彈跳 2～3 次，擊球員前跨沿地面擊球。

② 當擊球員說「準備好了」時，投球員用基本投球，瞄準離擊球員前 1 公尺處落地，球在地面上反彈 1 次，擊

球員前跨擊反彈球。

注意事項：安全第一，輕輕擊球，別太用力。學生進入擊球區時要防止被球擊到。

（5）擊球得分比賽

器材：1 個球托，2 個椿門，2 個球板，2 個球。

比賽方法：8～12 人，每兩個人一組並為其編號，各組輪流防守、擊球或者作為守椿員。每對擊球員可以各擊球 6 次（總計 12 次）。一名擊球員擊球托上的球，另一人站在另一端椿門，然後跑動得分。如果擊球員被接殺出局或者被跑動中殺出局，則換另一位同伴擊球，直到 6 個球被擊完為止。（圖 2-4-19）

圖 2-4-19　擊球得分比賽練習示意圖

每對選手得分計算方法：分數＝12 次擊球總得分／（淘汰次數+1）

三、後跨擊球

投手投出來的球線路很準確，落點也佳，球反彈到腰部的高度或更高，擊球員在原地或前跨無法擊球的情況下，通常採用後跨擊球技術。後跨擊球是在較高的位置擊球，可以發力把球擊到較遠的位置。

1. 技術要領

從良好的站姿開始，板後提，前面的肩膀在來球線路的內側，身體平衡，頭部向前伸。後腳向後撤一步，與擊球線平行，盡可能地遠。重心放在後腳上，膝關節稍彎曲。前腳僅起幫助維持平衡的作用。向前揮板擊球時，上面的手握緊球板向上提，使球板的正面朝向來球，手肘高舉並彎曲成直角。

擊球時，前腳向後腳靠近，身體重心始終在後腳，胸和前面的肩朝向前方，板高揮。共分為 4 個基本步驟。（圖 2-4-20）

（1）站姿：擊球準備姿勢站好。（圖 2-4-20①）

（2）板後提：引板向後上方，後腿向後跨一步，手臂靠近身體，頭保持正直。（圖 2-4-20②）

（3）擊球：後腳站穩，前腿向後跨一步，靠攏後腳，揮板擊球。擊球時，站穩保持重心穩定。（圖 2-4-20③）

（4）隨揮：擊球後順勢向前上方揮板。（圖 2-4-20④）

- 球板沿直線後提，左手和左臂控制球板
- 左肩對準投手
- 眼睛始終看著來球

- 球板沿垂直方向擺動，以整個板面在來球的線路上準備擊球
- 右腳向後平行移動，整個身體重心移到後腳上

- 在擊球瞬間板呈垂直狀
- 左肘高抬
- 擊球時頭在球的上方
- 身體重心在後腳

- 擊球後板繼續朝前揮
- 身體盡可能高
- 雙腳支撐達到完美的平衡姿勢

圖 2-4-20　後跨擊球技術分解示意圖

2. 練習方法

（1）徒手動作練習

教師講解動作要領並做示範。將全體學生分成兩人一組，一組一支球板。持板人站成一排，練習後跨擊球動作。另一人站在同伴前面，注意觀察同伴動作。練習 10 次徒手擊球動作後換人。同伴間互相糾正錯誤動作。

（2）實球練習

練習 1　雙人練習

器材：每組 1 支球板，3 個球。

訓練方法：兩人一組，相距 5～10 公尺，擊球者做完後提板動作後，同伴用上手扔球，將球扔向練習者前面的地面上，使球反彈到超過腰的高度。練習者等球反彈起來後，迅速向後跨一步，用後跨擊球方法向前擊球。練習時要求把球擊向正前方的擋網或同伴。練習 5 組後交換。

練習 2　分組練習

器材：每組 1 個球板，網球或軟球，1 組球樁，瓶子或球托。

練習方法：根據球板的數量，將全班分成人數相同的幾個組，每組 5～6 人。每組有一個擊球員，一個投球員，一個守樁員，其餘同學作為防守隊員。每組在自己的範圍內活動。防守隊員距擊球員要 10 公尺以上。當擊球員說「準備好了」，投球員用力上手扔球，球彈跳一次到達擊球員腰部位置。擊球員後跨一步，將板從身前揮向一側擊球，胳膊全力伸直。後跨擊球時，頭部要端正。每個擊球員有 5 次擊球機會，然後守樁員開始擊球，隊員按順時針

方向交換位置。

注意事項：為了安全起見，在操場上或空地上練習此項技能。

3. 要點歸納

（1）側向投手，站姿高；

（2）移動頭部到來球的線路上；

（3）手和前肘抬得儘量高；

（4）上方的手控制擊球，下方的手起輔助支撐作用；

（5）隨揮動作要高於肩；

（6）擊球的目標是身前方的內場；

（7）後跨擊球擊出的球的方向和區域見圖 2-4-21。

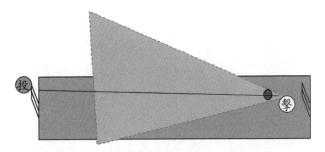

圖 2-4-21　後跨擊球擊出的方向和區域

四、切　球

切球是當球飛到擊球員身體正前方時，將球擊向擊球線的延長線方向或斜後方向。由於在擊球瞬間手上有調整擊球方向的動作，可以使擊出來的球有較好的方向性，穿

越防守隊員，獲得邊界得分。因此，切球是擊球員需要掌握的一種非常重要的技術。

1. 技術要領

切球共分為 4 個基本步驟。（圖 2-4-22）

（1）站姿：同前跨擊球。要求視界清楚，全身放鬆。

（2）後跨提板：後腿向後側方斜跨一步，將重心移到後腳。同時抬起後肘，提起球板到頭的高度。球板和手靠近身體。（圖 2-4-22①）

（3）揮板擊球：球板從後上向前橫向揮出，將球向身體前方的地面上擊出。位於下方的手緊握球板，頭部要穩，球板盡可能面向球。在碰到球的瞬間，有轉手腕撥球的動作。（圖 2-4-22②）

- 用右手把板向後上提起
- 右肘放鬆並且離開身體較遠
- 右腳向後跨出，腳尖指向擊球方向，身體重心移向後腳
- 在後提到最高點時，板的背面通常指向中椿柱

- 用手臂和手腕將板向外向下揮動
- 在擊球的瞬間,手正好在右膝前面
- 完成擊球時,右手將板的正面完全轉向下方
- 板與球的接觸點在擊球線的後面
- 擊球動作一定要流暢而且有力量
- 盡可能保持頭部穩定
- 眼睛盯住球

- 右腳完全承擔身體的重量
- 左腳尖一起在幫助維持身體的平衡

圖 2-4-22 切球技術分解示意圖

（4）隨揮：胳膊和手沿著球的方向伸展，球板跟隨球移動的線路，手肘保持與身體貼近。胳膊彎曲，球板跟進到身體另一側。（圖 2-4-22③）

2.技術要點小結

球板在水平面裏運動，而不是像前跨擊球那樣在垂直面裏運動。

切球擊出的球的方向和區域見圖 2-4-23。

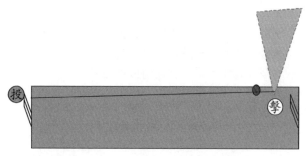

圖 2-4-23　切球的方向和區域

3.練習方法

練習 1　固定球切球練習

器材：每對（每組）1 個樁門，1 個球托，1 個球，1 個球板。

練習方法：樁門只留中間 1 根樁，上面放 1 個球托和 1 個球。擊球者在球托的側面站立，後腳後跨一步，用切球技術試著把球擊向擋網或同伴的方向。同伴負責快速撿球和擺放球托。每人擊球 5 次後輪換。（圖 2-4-24）

圖 2-4-24 固定球切球練習示意圖

練習 2 切擊緩慢拋出的球

器材：每組 4 人，每組 1 個球，1 個球板，2 個標誌物，樁門。

練習方法：1 人用切球擊同伴緩慢拋出的高球，另外 2 人負責撿球。每人擊球 6 次後，換下一個人。（圖 2-4-25）

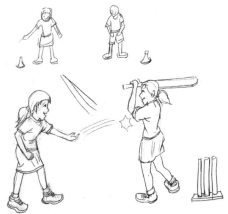

圖 2-4-25 切擊緩慢拋出的球練習示意圖

練習 3 分組練習

器材：每組 1 個球板，1 個球。

練習方法：分成幾個小組，每組 4 人，一個人負責投球，最好是選擇技術最好的或者由老師來投球，讓球的落點在擊球員後跨一步就能夠打得到，並且確保投出的球是直線。另外兩人負責撿球，並把球送回扔球員。6 次擊球後換擊球隊員。

五、拉 球

拉球是板球中得分最容易的一種擊球技術之一。一個比最佳長度短的球，向擊球員迎面投過來，從地面反彈起來後到達腰的高度，這時就可以採用拉球。擊球員右腳迅速向後，在樁門前橫跨過去，穩定好，使身體在球飛行路線的後方，這點很重要。

但也有很大的危險性，如果漏擊，球可能會擊到在中樁和腿樁之間的腿上，擊球員可能會被判 LBW 出局。

1. 技術要領

拉球共分為 4 個基本步驟。（圖 2-4-26）

（1）站姿：同後跨擊球，板後提至一定高度。視界清楚，全身放鬆。（圖 2-4-26①）

（2）後跨提板：向斜後方後跨一步，重心移到後腳上，保持側身跨步站穩。在後跨同時完成球板高提，以使在擊球時更具有力度。頭部保持平穩，眼睛剛好在球飛行路線的後面，雙眼注視來球。球板和手靠近身體。（圖2-4-26②）

- 後腳向斜後方快速跨一步，越過椿門
- 身體正好在來球的正後方
- 軀幹稍前傾
- 向後提板時主要是靠右手
- 眼睛盯著球
- 頭部保持正直

①

- 身體重心移到右腳，右腳尖指向擊球方向
- 板後提主要靠右手
- 頭部盡可能地保持穩定
- 眼睛盯住球
- 右腳尖指向斜前方
- 身體保持穩定

②

- 手腕和手臂揮板經過體前橫向揮
- 揮板順暢有力
- 頭部穩定
- 眼睛看球
- 擊球點在左腿前
- 用盡可能大的速度擊球
- 將球擊向地面

③

- 放鬆肘和手臂讓球板繼續前揮，完全繞過身體
- 整個身體以右腳為軸轉動，左腳回收向右腳靠近
- 在隨揮時保持完美的身體平衡
- 右肩對準裁判員的方向
- 在整個揮板過程中，左腳尖幫助維持身體平衡

圖 2-4-26　拉球技術分解示意圖

擊球：頭儘量保持不動，眼睛盯著球，用手腕和手臂帶動球板經身體前向下向前揮。身體打開，雙臂向來球方向水平伸展揮出，臂伸直，位於下方的手緊握球板。擊球後，重心移到前腳上。頭部要穩，球板盡可能面向球，將球擊向身體的後側面，右手用力擊球，在擊到球的一剎那手腕應當轉動以保持球板的面朝下，避免擊出高球。正確的步法會在接下來的隨揮動作中保持良好的平衡。（圖2-4-26③）

隨揮：胳膊和手沿著球的方向伸展，球板跟隨球移動的線路，手肘保持與身體貼近。胳膊彎曲，球板跟進到身體另一側，直到球板越過肩膀。肩膀以身體為軸心有節奏的轉過半圈，直到擊球員的肩膀對著身後的裁判時停止。（圖 2-4-26④）

拉球擊出的球的方向和區域見圖 2-4-27。

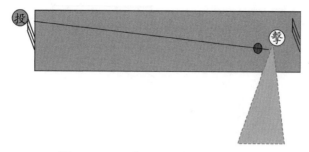

圖 2-4-27　拉球的方向和區域

2.練習方法

練習 1　拉球擊向同伴

器材：每對（每組）1 個樁門，1 個球托，1 個球，1 個球板。

練習方法：樁門只留中間 1 根樁，上面放 1 個球托和 1 個球。擊球者在球托的側面，背向同伴站立。後腳後跨一步，站到球托後面，用拉球技術試著把球擊向同伴的方向。每人擊球 5 次後輪換。

練習 2　拉球擊向目標

器材：同練習 1。

練習方法：在擊球員的身後放兩個標誌物，每組 2 人或 4 人。用拉球的方法把球擊向兩個標誌物之間，如果成功地擊中指定範圍內得 10 分。擊球 6 次後可以調整擊球目標。（圖 2-4-28）

練習 3　拉擊緩慢拋出的球

器材：每組 4 人，每組 1 個球，1 個球板，2 個標誌物，樁門。

圖 2-4-28　拉球擊向目標練習示意圖

練習方法：1 人用拉球擊同伴緩慢拋出的高球，另外 2 人負責撿球。每人擊球 6 次後，換下一個人。（圖 2-4-29）

圖 2-4-29　拉擊緩慢拋出的球練習示意圖

六、鉤　球

鉤球是有經驗的和非常有能力的擊球員才會熟練採用的技術。如果能打出品質高的鉤球，將有很高的戰術價值。即使是這樣，也需要有很強判斷力的擊球員才會使用此項技術。

採用鉤球技術通常是來球位於身體的側面或後面，而且高度超過腰。如果擊球員沒有處於一個正確的擊球位置，則寧願先準備好躲閃。眼睛要自始至終盯住來球。頭部位於來球線路的身體前面方向，不要與來球在同一條直線上。這樣即使未擊到球，球也會從左肩膀上面飛過去，避免擊到頭部。

運用鉤球技術時，有一定的限制：面對快投手時，不要嘗試使用這種擊球方式；當投球反彈非常低時，不要嘗試使用這種擊球方式；當球的落點長度很好時，不要嘗試使用這種擊球方式；當速度很快或中等的投手投過來的球正在飄或轉向接擦邊球防守隊員時，也不要嘗試使用這種擊球方式。

1. 技術要領

鉤球共分為 4 個基本步驟。（圖 2-4-30）

（1）、（2）站姿和板後提：同拉球技術。（圖 2-4-30①，圖 2-4-30②）

（3）揮板擊球：後腳向後跨一步，前腳掌著地。板靠近身體並上舉。以腳掌為軸，向來球方向轉動身體，打開身體，橫向用力揮動球板，擊球時手臂完全伸直。身體繼續向

- 右腳往後移動
- 帶動身體朝向正前方,剛好在球飛行路線的裏面
- 軀幹稍前傾
- 主要用右手向後提板
- 右腳尖朝向斜前方
- 眼睛看球
- 頭部保持穩定正直

- 身體重心移到右腳
- 右腳尖指向揮板的方向
- 身體隨著向左轉完全打開
- 頭部保持穩定
- 雙手靠近身體
- 眼睛盯球
- 身體保持完美的平衡

- 頭部儘量保持不動
- 球從球道上反彈起來較高
- 身體保持豎立
- 球板揮下來,在身體前方揮過
- 正確的步法
- 帶動身體以右腳為軸轉動
- 左手控制擊球動作
- 右手和肩膀發力
- 肩膀和手臂提供力量

- 以右腳為軸，轉動身體
- 左腳回收
- 肩膀橫向轉動
- 然後是臂、肘、腕
- 板在隨揮動作結束時位置較高
- 在隨揮動作時正確的步法可以提供良好的平衡

圖 2-4-30　鉤球技術分解示意圖

著球出去的方向轉動，同時轉動手腕，使板面向下。（圖 2-4-30③）

（4）隨揮：擊球後前臂向著身體回收，板向上舉，順勢放鬆揮到頭頂上方。身體完全轉向樁門方向，眼睛始終盯著球擊出去的方向。（圖 2-4-30④）

注意事項：右腳向擊球區裏剛好跨出足夠遠來保持身體平衡；快速揮板擊球時，身體正好處在來球路線上；以後腳為軸心，轉動一個半圈，完成擊球時，背部剛好對著投手。

鉤球擊出的球的方向和區域見圖 2-4-31。

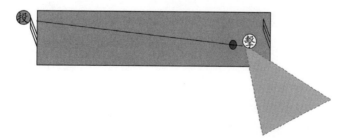

圖 2-4-31　鉤球的方向和區域

2. 練習方法

練習 1 徒手揮板動作

兩人一組，練習基本鉤球動作，從站姿、板後提、後腳移動、擊球到隨揮動作結束。同伴站在兩公尺以外觀察其動作，並提示要點。練習 10 次後交換。

練習 2 同伴站在擊球員迎球方向 3 公尺，用下手扔肩膀高度的球，讓擊球員練習鉤球。3 個球一組，練習三組，然後交換。

練習 3 同伴站在擊球員迎球方向 10 公尺，用上手扔反彈到肩膀高度的網球，讓擊球員練習鉤球。3 個球一組，練習三組，然後交換。

七、橫　掃

一個最佳落點投球如果落在內樁柱的外側，然後向內旋轉飛向樁門，或球將繼續向前飛向擊球員的身後，這時，可以採用橫掃擊球技術。如果要採用此項技術，擊球員需要提早出擊上步，等球剛從地面上反彈起來時就要橫掃擊球。萬一沒有橫掃到球，球會打到前腿的護腿板上。

1. 技術要領

（1）、（2）站姿和板後提：同前跨擊球。（圖 2-4-32①）

（3）揮板擊球：板先向後上方高揮，前腳向來球方向邁一大步，膝關節彎曲；後膝接近地面或跪在地上。水平方向轉腰揮板，在球剛從地面上反彈起來時，大力擊球，

- 迎著來球的方向，向前方邁一大步
- 提板到垂直位置
- 彎曲膝關節下蹲
- 與前腿共同支撐身體重量
- 眼睛看著球
- 頭部保持穩定正直

①

- 轉動肩膀的同時伸展手臂向前下揮板
- 在前腳的前面用板橫向揮擊
- 頭部正直
- 身體穩定
- 眼睛盯球
- 手腕用力掃球

②

- 後腿膝蓋貼近地面
- 頭部保持正直
- 繼續揮動球板
- 揮板動作必須流暢用力
- 眼睛跟著球飛出的方向看
- 完整的隨揮動作

③

圖 2-4-32　橫掃技術分解示意圖

把球擊向身體的後方。（圖 2-4-32②、圖 2-4-32③）

左肩和左腿應當向前移動，帶動頭和身體對準球飛行的線路，頭在球的上方。

在向前移動的過程中，左腿應當稍稍向身前的方向，位於來球的線路之內。假如擊球未成功，球將打在護具的外緣上。

為了完全控制擊打動作，保持球向下方向飛出，球板應當在左腿的稍前方擊球。

左手必須保證球板豎直。握住球板柄的手應當位置稍微前於球板的板面，這樣可以避免出現高弧線球，使球直接擊向地面。

因為不是用整個球板正面擊球，擊球後球的運動方向完全由擊球瞬間球板的角度決定。

橫掃擊出的球的方向和區域見圖 2-4-33。

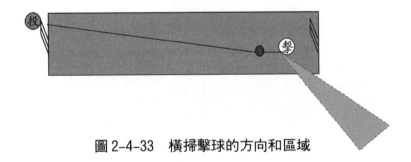

圖 2-4-33　橫掃擊球的方向和區域

2. 練習方法

練習 1　橫掃固定球練習

器材：球托、球板、球各 1 個。

　　方法：兩人一組，一人持球板，在距離前方兩步遠的地面上擺放一個球托，球托上面放一個球，擊球員上步後，重心降低，從貼近地面的高度，用板橫掃球托上的球，把球擊向擋網。同伴負責幫助撿球、擺放球托和球。

　　練習 2　橫掃下手扔球

　　器材：球托、球板、球各 1 個。

　　方法：兩人一組，一人持球板，成準備姿勢站好。同伴在擊球員前方 5 公尺左右，向距離擊球員兩步遠的地面上用下手扔球。擊球員上步，擊球時重心降低，從貼近地面的高度，用板橫掃球托上的球，把球擊向擋網。同伴負責幫助撿球。每人練習 10 次後，交換。（圖 2-4-34）

圖 2-4-34　橫掃下手扔球練習示意圖

八、防守性擊球

　　好的防守對於擊球隊圓滿地完成一局比賽十分重要。我們都願意擊出漂亮的好球，體驗那種得分的美好感覺，但是，我們不得不承認，在場上有三分之二的時間，我們

必須要面對的可能是先做好防守，防止被投球擊中樁門而淘汰出局。所以，防守性擊球也是一項非常重要的擊球技術。防守性擊球包括前跨防守和後跨防守。一般來說，前跨防守適用於較慢的投球，後跨防守適用於較快的投球。

（一）前跨防守

1. 技術要領

前跨防守分 4 個基本步驟。（圖 2-4-35）

（1）站姿：身體側向投手，雙腳分開站立與肩同寬，頭轉向投手，兩眼平視。雙手靠近身體，球板放在後腳趾前的地面上。（圖 2-4-35①）

（2）提板：球板後提，板的正面朝向後方。靠近板柄頭的手緊握板柄，後手輕輕扶在板柄靠近板的結合部，眼睛看球。（圖 2-4-35②）

圖2-4-35　前跨防守技術分解示意圖

（3）上步擊球：前腳向前跨一步，腳尖指向擊球的方向。頭在前腳的正上方。眼睛盯住球。球板揮動時緊貼護腿，手臂與球板成「9」字形。擊球時下面的手吸收球對板的撞擊力，把球擊向地面。（圖2-4-35③）

（4）隨揮：保持前面姿勢，確認球對板的撞擊力已經被抵消，保持低頭姿勢。（圖2-4-35④）

前跨防守擊出的球的方向和區域見圖2-4-36。

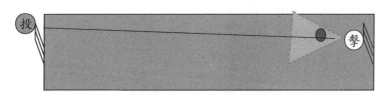

圖2-4-36　前跨防守擊出的球的方向和區域

2. 練習方法

（1）徒手動作練習

教師講解動作要領並做示範。將全體學生分成兩人一組，一組一個球板。練習者手持球板站成一排，練習前跨防守的動作。另一人站在同伴前面，注意觀察同伴動作。練習10次徒手動作後換人。同伴間互相糾正錯誤動作。

（2）實球練習

練習1　雙人練習

器材：每組1個球板、3個球。

訓練方法：兩人一組，相距5～10公尺，擊球者做完引板動作後，同伴用上手扔球，將球傳向練習者前面的地面上，練習者迅速前跨一步，在球反彈起來後，用前跨防守方法將球擊擋到地面上。練習5組後，交換練習。

練習2　分組練習

器材：每組1個球板，網球或軟球，1組球椿、瓶子或球托，有明確的場地線。

練習方法：將全班分成人數相同的幾個組，5～6人一組。每組裏有一個擊球員，一個投球員，一個守椿員，其餘的同學作為場上接球員。當擊球員說「準備好了」，投球的同學下手扔球，球在彈跳3～4次後到達擊球員。擊球員前跨防守接球，球板貼近前腳。

每個擊球員有三次機會，然後守椿員來擊球，組裏的每個人順時針交換位置。

(二)後跨防守

1. 技術要領

後跨防守分為 4 個基本步驟。（圖 2-4-37）

（1）站姿：成擊球準備姿勢站好。

（2）板後提：引板向後上方。左手控制向後筆直地舉起球板，同時後腳向後移動到適當距離。

（3）揮板擊球：後腿向後跨一步，手臂靠近身體，頭保持正直。前腿向後跨一步，靠近後腳，保持身體平衡，同時保護樁門。前面的肩膀向上移動，在來球的線路上豎直方向揮板，球板像鐘擺一樣揮下來，正面對著球飛來的方向用板面擋擊球。攔擊球時，兩腳站穩，身體重心放在後腳上，膝關節稍彎曲，前腿主要起平衡作用。上手緊握住球板，前肘高抬，板面正對來球，幾乎與地面成直角。下手拇

①

- 用左手向上垂直提板
- 充分利用擊球線和樁門之間的距離
- 後腳向後移動，橫跨過樁門
- 重心移動到後腳上
- 球板垂直向下揮，用整個板面對準來球
- 左腳向後收，幫助維持身體平衡和保護樁門
- 左手臂和手腕控制揮板動作
- 前肘指向投手
- 右手在擊球瞬間保證足夠的撞擊力

- 左肘繼續上抬，抬到最高
- 充分利用身體的高度
- 腳尖指向斜前方的位置
- 用正板面擊球後繼續保持豎直位置
- 低頭，臉在手套後面
- 身體重量主要靠右腳支撐，左腳前掌點地幫助保持身體平衡

圖2-4-37　後跨防守擊球技術分解示意圖

指和食指輕握球板，肘靠近身體，幫助保持板面垂直。右手在擊球的瞬間提供所需足夠的力量。（圖2-4-37①）

（4）隨揮：腳尖指向斜前方，用板正面擊到球後，板繼續直立向前隨揮。板擊球後稍前傾，讓球向地面反彈，身體重心保持穩定。眼睛盯住球的上部，看著球擊到板上。完成擊球後，身體重心仍然在站穩的右腿上，左腳輕輕點地維持平衡。（圖2-4-37②）

後跨防守擊出的球的方向和區域見圖2-4-38。

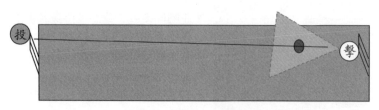

圖2-4-38　後跨防守擊出的球的方向和區域

2. 練習方法

（1）徒手動作練習

教師講解動作要領並做示範。將全體學生分成兩人一組，一組一個球板。持板人站成一排，練習後跨防守的動作。另一人站在同伴前面，注意觀察同伴動作。練習 10 次徒手動作後換人。同伴間互相糾正錯誤動作。

（2）實球練習

器材：每組 1 個球板，3 個球。

訓練方法：兩人一組，相距 5～10 公尺，擊球者做完後提板動作後，同伴用上手扔球，將球扔向練習者前面的地面上，球反彈到超過腰的高度。練習者等球反彈起來後，迅速後跨一步，用後跨防守方法將球擊擋到地面上。練習 5 組後，交換練習。

九、擊球技術的要點回顧

（1）合適的球板，教給學生選擇球板的方法；

（2）合適的運動裝備；

（3）正確而舒適的握板方法；

（4）擊球準備姿勢；

（5）板後提和向下揮板；

（6）正確步法的基礎；

（7）多數的揮板主要是由左手與左臂控制的；

（8）右手與右臂提供必需的力量；

（9）所有的擊球技術都需要正確的步法；

（10）站到來球的路線之後做好準備。

第五節　守　樁

一、守樁技術概述

守樁在板球比賽中是一項重要的技術，守樁員是全隊中僅次於隊長的第二號重要人物。守樁員可以由接擊球員漏接球而直接將擊球員淘汰出局，還可以直接接高空球而將擊球員接殺出局，以及接防守隊員回傳球擊落樁門，將未跑回擊球線的擊球員淘汰出局。儘量減少進攻方利用 Bye 得分等。守樁員還可以發現擊球員的弱點，告訴投手運用何種投球戰術，協助隊長對場上防守進行有效的組織。在板球比賽中，每個隊有 11 個擊球員和若干個投手，但卻只有一個守樁員，守樁的重要性因此不言而喻。

在賽場上，守樁員必須專注於每一個投出的球和每一個被擊出的球。因此，守樁專業性極強，只有經由不斷的練習和實踐，具有出色視力、步法一流而且精力充沛的人，才有可能成為一名站位準確、判斷無誤並且分毫不差地接好球的一流守樁員。

1. 守樁員的站位選擇

守樁員選擇站位時，要能清晰地看清投手助跑全過程和起跳、投球的全部動作，因此，通常不站在樁門正後面，而是偏向擊球員身前的那一邊。這種站位，可以不需要移動很大，從開始站位稍向側面移動就能夠接到球。（圖 2-5-1）

投手　　　　　　　　　　　擊球員 ├─ 站位距離 ─┤

守樁員

圖 2-5-1　守樁員位置示意圖

對慢速和中速投手，守樁員位置應當是能夠容易地摳到樁門的位置，手能夠容易地觸到樁門。

對快速投手，由於很少有擊球員會跑出他們的擊球區去接快投手的球，所以守樁員接球直接砸樁的機會通常是很小的。因此，守樁員通常站在球的高度與腰齊離球來的方向有一段距離的位置，而這會給他們充足的時間去觀察和跑向那個球，儘管球可能是飄球或者從樁門的任何一邊過來。如果守樁員站位較遠，他必須每次在球被打到外場員那時，敏捷地移向樁門接外場防守隊員回傳來的球，他要擔負起任何可能將擊球員淘汰出局的任務。

最後，守樁員要下蹲到什麼程度，怎樣放手套，沒有統一的定式，這些可以根據守樁員的體型或投手的類型，靈活機動處理。

2. 移動接球

如果球落在外樁柱線上或稍外面一點，那麼守樁員只需從原來站位輕微地橫向移動一點兒。當球落地時，守樁員向右移，身體重心移向右腳，同時身體從屈蹲的姿勢慢慢向上移。手指向下指向地面，拿到球後軀幹輕微地跟球

轉動，手套隨著球緩衝，吸收衝擊力。回收球的動作也是將球回傳給投手時的初始動作。

3. 砸椿

守椿員肩負著一個重要的使命，就是當擊球員跑出擊球線時，砸椿將其淘汰出局。一般是投手投出一個在擊球員身前的球，擊球員漏擊，守椿員右腳迅速向側面跨一大步，在來球線路上將球擋住。左腳盡可能地原地不動，離椿門較近，有利於確定椿門位置。手接球後，迅速地向椿門方向擺動，擊落椿門上的小橫木。

（1）從擊球員身體平面前方的位置砸椿

首先將身體迅速移到來球線路的後方，將球接住後不要去緊握球，迅速地移動手臂，將小橫木打掉。

如果球很寬，移動身體盡可能地到來球線路的後方，右腳與球的線路交叉，不要向前也不要向後。球過寬時，左腳也跟著右腳橫向移動，接住球後左腳要迅速向椿門回移，讓身體盡可能地接近椿門確保打掉小橫木。

（2）從擊球員身體平面後方的位置砸椿

從腿椿上面或擊球員身後位置接球砸椿是一件比較困難的事情，因為需要守椿員移動位置跨過椿門去接球，而且通常視線被擊球員阻擋住，在接球的瞬間很難看清楚。

守椿員在開始時必須採用正常的站位。當球看上去落地後會從腿椿外側過來時，他的第一個動作是橫跨過椿門，在球飛行線路的外側，與投球線平行站位，用身體擋在來球的後面。當守椿員的腳到達新的位置後，身體重心也跟過去，後面的腳也要迅速跟進，以保證身體在新的位

置上保持平衡。安全接到球後，要敏捷迅速地伸長手臂去
砸椿門或打掉上面的小橫木。

二、守椿技術要領及練習方法

1.技術要領

（1）站姿：舒適的站姿對守椿員很重要。這是一切移
動動作的基礎。如果站姿有問題，那麼，動作的流暢性和
速度都會受到影響。

左腳站在中椿柱後面，右腳相應地放好，保持最佳的
平衡位置，腳後跟輕輕貼在地面。兩腳分開，重心放在兩
腳之間，稍前移，採取你最舒服的下蹲姿勢，以便於能順
暢地向兩側移動。雙手合併，儘量擴大雙手可能接球的面
積，手指後側接觸地面。眼睛平視，向前盯住來球。選位
時要能清晰地看清投手助跑全過程和起跳、投球的全部動
作。（圖 2-5-2）

正面　　　　　　　　　　　側面

圖 2-5-2　守椿員站位姿態示意圖

（2）移動接球：手臂、頭部、腳同時協調一致運動，保持一種最佳的半蹲姿勢，以便於有效移動，腳尖內側蹬地起動，開始移動時使用小步幅。移動右腳上步時腳與投球線平行，擋在來球的線路上。移動時一定要快速準確，確保身體平衡並且能完全接住球。可採用側滑或後撤交叉步，在身體內側接球，保持頭肩手套的協調配合。肘部稍彎，眼睛在接球時要緊緊盯住球以手套最大的面積接球，接到球後順勢向身體緩衝，注意眼睛和手的配合，互相不要離得太遠。當投過來的球開始下落的時候，儘量嘗試在腰部的高度上接球。（圖 2-5-3）

（3）砸椿：接球後，左腳要盡可能靠近椿門，並且以它為軸，揮動手臂經過體前，用持球手砸向椿門或打掉小橫木。（圖 2-5-4）

2. 練習方法

練習 1　守椿接下手扔球

時間：15 分鐘。

器材：每兩個人 1 個網球或軟球。

圖 2-5-3　守椿員接球上步技術示意圖

圖 2-5-4 守樁員砸樁技術示意圖

練習方法：兩人一組，間隔 5 公尺。守樁員以屈蹲的姿勢準備好，雙手併攏，手指著地，重心落在前腳掌。同伴用下手扔地面反彈球。守樁員在球向上彈起時起身，雙手併攏，在腰部用雙手將球接住，看球落到掌心裏。

練習要點：用手套最大面積抓球，保持接球的線路，接球通過身體中線，手和頭要協調運動，看著球入手。

提高方案：

① 稍微改變扔球的方向，讓球落在同伴的偏左方或偏右方。

② 設定時間限制（如：1 分鐘）。扔球必須保持站立，接球時必須屈蹲。按要求完成次數最多的一組獲勝。

③ 增加距離或加快球的速度：

● 在其中一個同學（守樁員）面前放一個樁或瓶子或椅子。扔球的同學故意扔偏，守樁員起身雙手接球，並且儘快用球擊樁。如此進行三次，雙方交換角色。

● 在可能的情況下，採取投球。

練習 2　接上手反彈球

練習方法：兩人一組，5 公尺間隔。一人用上手扔球，球在守樁員前面 1 公尺處反彈，守樁員用雙手接球，保持接球的線路，接球通過身體中線，手和頭要協調運動，看著球入手。

練習 3　接用板擊出的球

練習方法：兩人一組，一人用球板向守樁練習者擊球，練習者接到球後把球扔回給擊球者。守樁員在扔球前回位。

練習 4　接被擊球員干擾的球

練習方法：守樁員站在樁門後面，擊球員站在樁門前，一名投手投反彈球，擊球員使用球棒或三門柱的一根柱晃動假裝擊球，干擾守樁員的視線。接球時頭部保持在腳的前上方，頭和手要靠近，看著球入手。手、腳、頭在一條垂直線上，儘量使手套與球的接觸面積最大。（圖 2-5-5）

圖 2-5-5　有擊球員干擾的守樁員練習

3. 守樁要點小結

（1）注意力必須集中；

（2）正確的步法很重要；

（3）合身的裝備不僅穿著舒適，也會給你增添不少自信；

（4）儘量嘗試用手套接球，而不要故意用護腿去擋球，穿上它們只是為了在必要的時候保護你的身體；

（5）不要主動去抓球，而是調整位置讓球飛向你；

（6）接住球的瞬間要往回收手臂來緩衝；

（7）接球的瞬間始終保持你的手指伸向上方或下方或者兩邊；

（8）千萬不要讓手指直接觸球，因為手指很容易受傷；

（9）好好保養你的手套。

4. 建　議

（1）永遠不要抓球，因為這樣會使你的手指有受傷的危險。為避免這樣，爭取總是站到來球線路的後面，避免用手去摀球。接到球後總是讓手有個緩衝，減小來球的衝擊力。

（2）看擊球員的後腳，他上前擊球時是從擊球線上抬起來還是拖在地上。如果他的後腳是在擊球線上，或從地面上抬起來，守樁員就可以迅速地砸掉小橫木。

（3）不要對 LBW、守樁員砸樁、接殺或跑動中淘汰擊球員進行不必要的上訴。但是，如果有充分的理由認為

擊球員被淘汰，就要毫不猶豫地進行上訴。

（4）為了不必要地浪費投手的體力，守樁員必須總是努力將球準確地用空中球回傳給投手。如果距離太遠，守樁員就要把球由防守隊員傳給投手。

（5）避免離開你的位置去追一個球，這樣做是不合理的。在比賽中，守樁員的位置總是在樁門的上方。

（6）隊長應當要求防守隊員們在回傳球給守樁員時不能用最大的力量和速度，除非有機會淘汰擊球員。這樣快的回傳球會使守樁員冒不必要的傷害手的危險。這樣的傳球如果不準確會造成過度傳球，除了導致疲勞的追趕還可能造成魚躍救球。強調準確性比速度重要，除非有淘汰擊球員的機會時。

（7）守樁員應該全神貫注，一刻也不能開小差。見到球就意味著比賽已經開始了。要知道，即使是一瞬間的走神也很可能意味著錯過了一次絕好的機會，甚至是輸掉了整場比賽。

（8）守樁員要使自己保持良好的身體狀態，才有可能成為一個真正優秀的守樁員。

第六節　樁門間跑動

一、樁門間跑動技術概述

在兩個樁門之間跑動是擊球員的最重要的任務之一，每一個初學者，不管擊球水準怎麼樣，都應該學習它，就像學習這項運動的其他技術一樣。擊球員及副擊球員在兩

個椿門之間的跑動是一種十分重要的得分方法。在跑動當中涉及兩人的跑動速度、靈活性和判斷力，要求擊球員必須要有強烈的跑分意識和技巧。只有有效的、理智的奔跑，加上合適的判斷力，才能得到所有可能的（跑動）得分，同時不會使任何一個擊球員冒不必要的危險。

主擊球員往往是決定是否開始在兩個椿門之間跑動的決策人，當副擊球員決定跑動時往往是擊球員將球擊到椿門後自己看不見時，副擊球員當機立斷決定跑動。

二、椿門間跑動技術要領及練習方法

1. 技術要領

（1）預（偷）跑

副擊球員在投手接近椿門時開始移動，單手持板放在擊球員椿門區後面，當投手後腳落地一刹那時，可以離開椿門區向前預（偷）跑 2 步，但一定要控制好速度，根據場上情況判斷或聽從隊友指揮決定繼續跑還是返回原位。（圖 2-6-1①，圖 2-6-1②；圖 2-6-2①，圖 2-6-2②）

（2）呼喚對話

① 擊球後，擊球員和副擊球員之間相互呼喚，配合要默契。擊出的球在擊球員視線範圍內的由擊球員喊「跑」還是「不跑」，或者「等一下」。

② 如果擊出的球是在擊球員視線範圍之外，則由副擊球員喊「跑」還是「不跑」，或者「等一下」。

③ 如果擊球員擊出的球足夠遠，可以跑數個來回，每一次跑動都要喊「跑」還是「不跑」，或者「等一下」。

- 副擊球員單手持板停留在擊球員椿門區擊球線後面
- 在投手接近椿門區後腳落地時開始移動

- 當投手繼續投球的跟隨動作時，副擊球員可以離開椿門區向前跑2步

- 擊球員和副擊球員雙手持板於胸前，板面向內，靠近身體
- 一隻手握球板柄，另一隻手握球板上端
- 跑動時保持身體平衡，注意觀察球的運動方向
- 臉朝向球的方向

- 擊球員身體放低，伸直手臂
- 球板先伸出，在地面上滑動
- 側身劃過擊球線

- 擊球員降低重心，快速轉身蹬地大步返回繼續跑動
- 準備再跑下一分

- 用距離擊球線最近的持板手，用球板在地面上滑動
- 全力使勁衝刺，劃過擊球線

圖 2-6-1　椿門間跑動技術分解示意圖（正面）

圖 2-6-2　椿門間跑動技術分解示意圖（側面）

④ 如果「跑」還是「不跑」同時喊，要執行「不跑」的命令。

（3）跑　動

① 持板姿勢：一旦決定「跑」，擊球員及副擊球員就要快速奔跑，雙手持板於胸前，板面向內，靠近身體，一隻手握球板柄，另一隻手握球板上端，跑動時保持身體平衡。

② 擊球員及副擊球員在跑動時注意觀察球的動向，身體要始終與球運動的方向保持一致。

③ 擊球員及副擊球員在跑動時，須分別在球道兩側跑動，不能在球道上或球道同一側跑動。（圖 2-6-1③；圖 2-6-2③）

（4）畫　線

① 跑動接近椿門區時，身體放低，伸直手臂，在距離擊球線 1～2 公尺處提前將球板伸出，用距離擊球線最近的持板手，用球板在地面上滑動，全力使勁衝刺，劃過擊球線。（圖 2-6-1④；圖 2-6-2④）

②如果擊球員擊出的球足夠遠，可以跑數個來回，在接近擊球線時步幅變小，降低重心，側身劃過擊球線後快速轉身蹬地大步返回繼續跑動，準備再跑下一分。（圖2-6-1⑤，圖2-6-1⑥；圖2-6-2⑤，圖2-6-2⑥）

2. 練習方法

練習 1　持板折返跑1

練習方法：將學生分成若干組，兩人一組持球板站在兩樁門之間的起跑線前。發令後，兩人迅速跑向所對樁門，用球板畫過折返線，之後跑回起跑線畫線，練習樁門間跑動，每人跑兩個來回，先到起跑線者為勝。（圖2-6-3）

器材：樁門、球板若干。

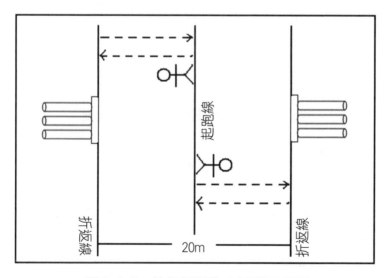

圖2-6-3　持板折返跑1練習示意圖

練習 2　持板折返跑 2

練習方法：將學生分成 4 大組，6 人一組持球板站於起跑線前。發令後，迅速向前跑動，用球板畫過折返線後跑回起跑線畫線，練習椿門間跑動，每人跑 2～4 個來回，先到起跑線者為勝。（圖 2-6-4）

器材：球板 6 個。

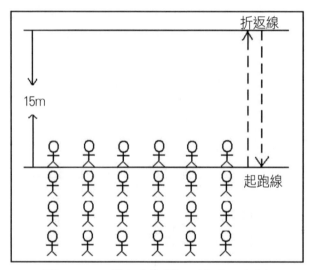

圖 2-6-4　持板折返跑 2 練習示意圖

練習 3　持板跑接力比賽

練習方法：將學生分成 4 大組，每組第一名學生單手將球板放在起跑線後，兩腿站在起跑線前準備。發令後，快速跑向對面的椿門或者標記物，用球板畫過標記線然後迅速跑回，畫過起跑線後再將球板傳給站在起跑線前的下一個隊員，依此類推，進行接力比賽。第一個完成的組為

勝。（圖2-6-5）

器材：椿門4個，球板4個。

場地：

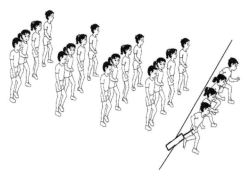

圖2-6-5　持板接力比賽練習示意圖

練習4　模擬比賽椿門間跑動

練習方法：將學生分成人數相等的兩隊，分別為擊球方和防守方。相距20公尺左右擺放2個椿門，模擬正式比賽場地。擊球方每次上2名隊員，站在椿門前。防守方出1名投手，站在兩個椿門之間，其他防守隊員充當場地防守隊員。投手用下手扔球方式向擊球員扔球，擊球員擊到球後迅速跑向對面椿門，練習椿門間跑動。要求擊球員擊到球後，必須跑分。按正式比賽的淘汰方式，擊球員被淘汰後，換下一個擊球員上場。直到全部隊員被淘汰為止。然後交換攻防。以跑分最多的一方為勝方。（圖2-6-6）

器材：椿門2個、球板2個、球1個。

練習5　擊球跑分比賽

練習方法：4～8人一組，編好號。1號先擊球，其他

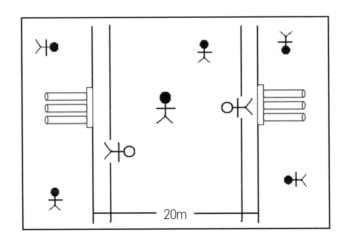

圖 2-6-6　模擬比賽椿門間跑動練習示意圖

人充當場地防守隊員。球放在球托上，把球擊向標誌出的範圍。擊球後快速跑分，能跑幾分跑幾分，直到球傳回到椿門區為止。一個人接球時，其他防守隊員按編號排成一排，把球從前面的人傳給後面的人，最後一個人拿球後快速跑到椿門用球觸椿門。這時，擊球員停止跑分。按編號順序依次擊球跑分，球擊到指定範圍內跑分有效。看誰跑分最多。（圖 2-6-7）

器材：球板 1 塊，球 1 個，球托 1 個，椿門 2 個，標誌物 2～3 個。

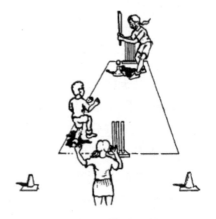

圖 2-6-7　擊球跑分比賽
練習示意圖

第三章

板球遊戲

第一節　熱身遊戲

熱身也稱準備活動，在正式開展教學活動之前，由集體活動，做一些簡單有趣的遊戲，使學生們的肌肉韌帶等得到預熱伸展，有利於進一步的技能學習和防止受傷。另一方面，熱身遊戲能培養學生的上課和練習興趣，對發展靈敏性、協調性等身體素質也有一定效果，還能增進學生間彼此的友誼。

一、滾雪球

器材： 網球或軟球平均每人 1 個，標誌物若干。

場地： 根據參加人數（例如 10 人），用標誌物圈定一個約 10 公尺見方正方形場地。將球放在場地的一邊上。

遊戲方法： 遊戲開始後，一人拿球作為雪球，觸殺其他球員。觸殺者設法用雪球觸碰其他球員或用低手投球擊中其他球員肩部以下的部位。所有被觸殺的球員都拾起一個球，成為觸殺者開始觸殺別人。（圖 3-1-1）

規　則： 跑出場地算被觸殺。最後被觸殺或者規定時間內未被觸殺的球員獲勝。

圖 3-1-1　滾雪球遊戲示意圖

二、盛不滿的桶

器材：網球或軟球若干。

場地：根據參加人數（例如 10 人），用標誌物圈定一個約 10 公尺見方正方形場地。

遊戲方法：教師在一個給定區域的中心放一個裝滿球的桶，學生圍教師站一圈。教師盡可能快地把球滾向四周或扔向空中，學生每人每次只能撿一個球，快速把球送回桶內。目標是不能讓桶空。（圖 3-1-2）

圖 3-1-2　盛不滿的桶遊戲示意圖

提高方案：減少球的個數或增加拋球遠度。

三、叫號追逐跑

遊戲方法：在一個四方形場地的四邊，每邊有一支隊，每隊按順序排好號。教師喊到一個號碼後，本號碼隊員開始追逐他對面的那支隊的相同號碼的人。逆時針方向圍場地跑動，當聽到教師發出的信號後，改變方向，互相追逐。（圖 3-1-3）

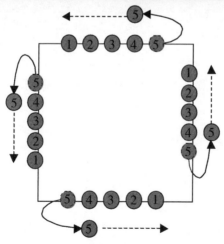

圖 3-1-3　叫號追逐跑遊戲示意圖

四、青蛙捕食

遊戲方法：所有學生在一個規定區域內。用 1～3 個球。持球的學生試圖去接觸他人，被觸到的人站到區域邊線的外面。站在邊線外的人可以用下手扔球的方法去擊在區域內的人。被擊到的人也要站到區域外面去。接到球可以擁有球，如果接球失敗，也要到場地外面。最後一個沒被觸到的人為勝利者。（圖 3-1-4）

圖 3-1-4 青蛙捕食遊戲示意圖

五、闖　關

遊戲方法：場地中間設置一道「長城」，一個守衛。其他學生不能手持球穿越長城。學生們高吊把球傳過長城然後在另一端把球接住，不能被守衛者抓住。如果被守衛者觸到球，他必須放棄球，而成為一個長城守衛者。最後

一個未被觸到球的人為勝利者，或者在下一次遊戲中充當長城守衛者。（圖 3-1-5）

圖 3-1-5　闖關遊戲示意圖

六、熱馬鈴薯

遊戲方法：10～15 人一組。在一個正方形或長方形的有清楚邊界線的場地進行。一半學生在場地內，每人手裏持一個球（如網球）。其他學生在邊界線。聽到信號後，手中持球的學生快跑把球交給邊線上的學生，可以用手在 1 公尺以內用下手扔球、在 3 公尺遠的地方用反彈傳球、在地面上滾動傳球。球不能給在你旁邊的人，也不能回傳給剛才給你球的人。（圖 3-1-6）

七、多人角力

遊戲方法：6～8 個學生肘臂互相挽起站成一圈，中間放一個標誌物。學生們互相拉扯別人，試圖讓對方接觸到

圖 3-1-6　熱馬鈴薯遊戲示意圖

圖 3-1-7　多人角力遊戲示意圖

標誌物。注意圓圈不能破壞。（圖 3-1-7）

八、小魚網

場地：遊戲在指定區域內進行。

遊戲方法：一名學生被指定為標誌者，當他觸碰到其

他人時，他們就牽起手，形成一個小魚網，繼續觸碰他人，直到 4 個人形成一個大網。把大網拆開，4 人分成兩對，繼續追逐他人和觸碰他人，直到再形成 4 人的大網，然後再分成兩對。遊戲一直持續到只有一名學生為止。（圖 3-1-8）

提高方案：

① 網不能分開（只有一個大網）。

② 擴大場地。

圖 3-1-8　小魚網遊戲示意圖

九、集體捉人

遊戲方法：在一個指定區域內，將所有人分成 4 支人數相等的隊。每支隊在一個固定的時間內輪流追逐其他隊的人。如果有人被抓到，他需要繞場地跑一周。在規定時間結束時，所有人站住，將各人跑的圈數加起來，作為這支隊的分數。然後換下一支隊繼續抓人。4 支隊中得分最

圖 3-1-9　集體捉人遊戲示意圖

少的隊獲勝。（圖 3-1-9）

十、毛毛蟲

遊戲方法：一或兩對學生作為小毛毛蟲，去抓別人，如果誰被觸碰到，就成為毛毛蟲的頭或尾，只有毛毛蟲兩端的人可觸碰他人。繼續抓其他人，最後一個剩下的人是勝利者。（圖 3-1-10）

圖 3-1-10　毛毛蟲遊戲示意圖

十一、蛇島歷險

遊戲方法：在一個固定的區域內，12 名學生組成小組。一個或幾個觸碰者趴在地上，稱為「蛇」。鼓勵其他人去觸碰「蛇」尾（腳）。被「蛇」觸碰到的人也成為「蛇」。觸碰者必須整個人趴在地上。場地最好逐步減小，以使生存更加困難。（圖 3-1-11）

圖 3-1-11　蛇島歷險遊戲示意圖

十二、白細胞

遊戲方法：在一個嚴格限制的區域內進行。一對或兩對學生兩隻手拉在一起，用手臂圈起的「白細胞」去「吃」其他人，被「吃」到者隨即也加入到手臂環，手臂環越變越大，最後未被「吃」掉，剩下的人是勝利者。或者最後的兩人或 4 人成為下一次遊戲的「白細胞」。（圖 3-1-12）

圖 3-1-12　白細胞遊戲示意圖

十三、打龍尾

遊戲方法：在指定區域內進行。一或兩名學生為觸碰者，其他兩人或三人一組，手放在前面人的跨部，組成「龍」。觸碰者用球直接或下手扔球去觸碰「龍尾」最後一人，龍頭的第一人試圖阻擋觸碰者不讓其碰到龍尾。龍頭可以在球扔過來時把球打開。如果觸碰者成功地觸碰到龍尾，他將成為龍尾，龍頭成為觸碰者。（圖 3-1-13）

圖 3-1-13　打龍尾遊戲示意圖

十四、稻草人

遊戲方法：一或兩人被指定為觸碰者，學生可以自由地在固定的場地內跑動。如果被觸碰到，他就必須像一個稻草人一樣兩手兩腳分開站住。其他人可以從他的兩腿之間爬過去，使他變為自由人。觸碰的方法可以是用球觸碰、輕拍或扔球擊中。直到所有的人都變成稻草人為止。（圖 3-1-14）

圖 3-1-14　稻草人遊戲示意圖

十五、轟炸機

遊戲方法：本遊戲與稻草人遊戲有些相像。一或兩人被指定為戰士，其他人或者手拉手成一對，或者共握一根塑膠椿門柱，為「轟炸機」。學生們在指定的區域內自由活動，如果轟炸機被戰士觸碰擊中，必須站在原地，兩隻手臂彎曲向上舉起來。其他「轟炸機」可以從被擊中的人手臂下穿過，使他們復活。如果「轟炸機」的兩手分開，則認為是被擊中。（圖 3-1-15）

十六、左輪手槍

遊戲方法：一人站在指定區域中間，手持一個軟球，模仿採用左輪手槍射擊。喊一名學生試圖跑到長方形場地的對面。如果這名學生沒有被擊到，組內所有其他人一起

圖 3-1-15　轟炸機遊戲示意圖

跑到場地對面。如果這名學生被擊到，則他將成為新的觸碰者，手持球去「射擊」試圖跑到場地對面的其他人。任何時候如果學生被擊到，都將成為觸碰者。最後一個未被擊到的人為勝利者。（圖 3-1-16）

圖 3-1-16　左輪手槍遊戲示意圖

十七、持板接力

遊戲方法：第一名學生從隊尾跑到前面的標誌物，繞

一圈後往回跑，繞過隊尾時把球板交給隊尾的人，然後跑到隊伍最前面。整個隊伍用球板接力跑。（圖 3-1-17）

圖 3-1-17　持板接力遊戲示意圖

第二節　接球和守椿遊戲

一、快速撿球

人數：每隊 4 人。

器材：場地標記 6 個，球 2 個。

目標：所有球員要儘快撿回在規定距離內的球，快方獲勝。

遊戲方法：

● 這是一項接力性質的遊戲（每組 4 人）；

● 每組第一名球員握球跑到 5 公尺遠的第一個標記處，然後返回；

● 當他返回到佇列最後面時，第二名球員出發，跑到第一個標記處拾起球再跑 5 公尺；

● 最後一名球員要把球帶回起跑線。

注意要點：

● 球員撿球時的動作是否正確。

教學建議：

● 逐步增加球員跑動的距離；

● 讓球員在每次跑動時連續撿起兩個球；

● 讓球員兩人一組進行練習以減輕壓力。

鼓勵：

● 享受此項運動，從中體驗樂趣；

● 對撿球姿勢正確的球員加以肯定表揚。

二、撿球回拋接力

人數：每隊 8 人。

器材：場地標記 4 個，球 2 個。

目標：所有球員迅速完成撿球及回拋，快方獲勝。

遊戲方法：

● 將球員平均分為兩組或兩組以上（每組最多 4 人）；

● 組與組之間間隔 20 公尺，用標記做記號；

● 將球沿地面朝標記拋出；

● 每組出一名球員，握球跑到標記處，將球放下，撿起另一球過肩傳給下一名球員。

注意要點：

● 球員傳球技術是否正確。

教學建議：

● 增加球員跑動距離；

● 如果球員技術不太熟練，則可讓球員兩人一組進行練習以減輕壓力。

鼓勵：

- 享受此項運動，從中體驗樂趣；
- 對傳球姿勢正確的球員加以肯定表揚。

三、接彩球

目標：仔細觀察彩球並在接球前指出其顏色。

器材：球兩個（不同顏色）。

遊戲方法：

- 球員兩人一組，每組兩個不同顏色的彩球；
- 兩名球員間隔大約 5 公尺站立，球員甲背對球員乙；
- 球員乙低手將一球拋給球員甲；
- 球員甲在接收到球員乙的信號後必須轉過身來將球接住，但是在接住球之前，球員甲必須向球員乙喊出球的顏色。（圖 3-2-1）

注意要點：

- 球員接球姿勢是否正確；
- 接球一方是否大聲喊出球的顏色。

圖 3-2-1　接彩球遊戲示意圖

教學建議：
- 可使用其他顏色的球；
- 縮短兩名球員之間的距離；
- 讓球員不轉身進行練習。

鼓勵：
- 享受此項運動，從中體驗樂趣；
- 對接球姿勢正確的球員加以肯定表揚。

四、環形接球—交叉傳球

人數：每隊兩人。
器材：球兩個。
目標：讓球員在壓力環境下接球獲勝。
遊戲方法：
- 球員圍成一個圓圈，各自與練習搭檔相對，每對使用一個球；
- 每對球員要在圓圈內部來回傳接球；
- 如果其中一名球員使球落地，則兩名球員同時出局；
- 堅持到最後的一對獲勝。

注意要點：
- 球員是否正確接球。

教學建議：
- 讓每名球員使用一個球，同時扔出；
- 讓球員兩人一組進行練習以減輕壓力。

鼓勵：
- 享受此項運動，從中體驗樂趣；
- 對接球出色的球員加以肯定表揚。

五、守樁遊戲

人數：每隊 6 人。

器材：場地標記 6 個，球 1 個。

目標：把球擋在擊球線之外。

遊戲方法：

- 各小組保護擊球線；
- 必須沿地面低手將球傳給另一方；
- 不允許球員超線攔截球或扔球；
- 每次球越過對方擊球線則得一分。

注意要點：

- 球員是否使用正確的防守姿勢；
- 球員是否有效地對球進行攔截；
- 球員是否沿地面傳球；
- 球員是否離線。

教學建議：

- 在遊戲中可使用多個球；
- 增加各隊防守的場地面積；
- 讓兩名球員一起練習以減輕他們的壓力。

鼓勵：

- 享受此項運動，從中體驗樂趣；
- 對有效攔截球的球員加以肯定表揚。

六、移動接球

人數：每隊 2 人。

器材：球 1 個，場地標記 2 個。

遊戲方法：

●把球員每兩人分成一組；

●球員甲站在兩個標記物之間，面對球員乙。球員乙扔球，球員甲接球然後把球扔回給球員乙，球員甲側身挪向其中一個標記物，觸摸它，隨後返回中間接下一球。球員甲再移到另一側的標記物，繼續兩邊交替做動作。看看3分鐘內能接幾次球。

注意要點：

●守樁員（球員甲）接球動作是否規範；

●守樁員（球員甲）在兩側的標記物和中間地帶間來回時，腳的移動是否迅速。

教學建議：

●強調守樁員要側身挪動步子，而不要把身體轉向移動的方向；

●增加每一次接球守樁員需要移動的距離。

鼓勵：

●對於接球及移動動作規範的球員進行表揚。

七、路障遊戲

人數：每隊 10～12 人。

器材：球 2～5 個，場地標記兩個。

遊戲方法：

●用兩個標記物標記一段 5 公尺長的距離。守樁員站在兩標記中間，其任務是阻止任何球穿過兩個標記之間。另一球員低手扔球、超範圍球使守樁員盡全力擋球。（圖 3-2-2）

圖 3-2-2　路障遊戲示意圖

注意要點：

● 球員接球動作是否規範。

教學建議：

● 擴大防守的距離；

● 可計分，在兩名球員間展開競賽。

鼓勵：

● 對於接球及移動動作規範的球員進行表揚。

第三節　擊球遊戲

一、快速開火

人數：10 個球員。

器材：1 個板，4 個球，4 個球托，1 個球樁，4 個球場標記。

分組：分成兩個隊，每隊 5 個球員，一個隊擊球，另

圖 3-3-1　快速開火遊戲示意圖

外一個隊接球。

遊戲方法：

● 每隊每個球員輪流連續將 4 個球從球托上擊出去；

● 然後在椿門與標誌物之間來回跑動得分，每跑一次得 1 分；

● 如果球擊出距離較遠，可以繞場地跑一周得 50 分；

● 防守隊撿球，並將上面帶球的球托恢復到原位，同時擊球隊停止跑分；

● 每名隊員得分相加，看哪隊得分多獲勝。

二、板球（擊長球）遊戲

人數：10～12 個球員。

器材：1 個球板，1 個板球，1 個球托，4 個球場標記。

遊戲方法：

● 將球員分成兩隊，每隊 5～6 個球員，一個隊是擊球

隊，另一個隊是接球隊；

●擊球員在場地的一邊將球從球托上擊下來，球被擊下來後必須進入或穿出場地，擊球後，擊球員要設法跑到初始位置的對面；

●球被擊出後，接球員接球，然後用低於肩部的低手擊球式擊球來觸殺跑動的擊球員使其停止跑動；

●接球員接到球後持球跑動不可超過五步；

●擊球員跑到初始位置的對面後要等待其他擊球員，當另外一個擊球員也到了這個位置，他開始穿過球場往初始位置跑，如果在跑動過程中未被觸殺即成功跑到初始位置，得 1 分；

●球場裏可能有多個人在同時跑動；

●擊球員擊出的球被接球員接住，或被接球員傳回的球擊中，都要出局；

●出現以下情況遊戲暫停：每個擊球員都被擊中導致該隊全部出局，或擊球員中的三人被擊中導致的該隊出局。

三、「隕星」小遊戲

人數：4～8 個球員。

器材：1 個球，8 個球場標記。

遊戲方法：

●將球員分成兩個隊，每隊 2～4 個球員，兩隊球員分別站在場地的兩端，每隊圈定一個自己的區域；

●持球隊設法將球投進對方的場地區域，如果投入成功得 1 分，但如果對方將球擊出，對方得 1 分。

四、擊球到標誌區域

遊戲方法：

• 4～8 人一組，排好號碼；

• 1 號先擊球，其他人防守；

• 球放在球托上，然後擊向對面兩個標誌物之間；

• 一名學生去接球時，其他防守者站成一排，然後把球向前傳，直到最後一人拿球快速跑去觸碰椿門；

• 在球被送回椿門之前，擊球員盡可能多地跑分；

• 然後 2 號擊球，按號碼擊球；

• 跑分最多的人為勝利者。（圖 3-3-2）

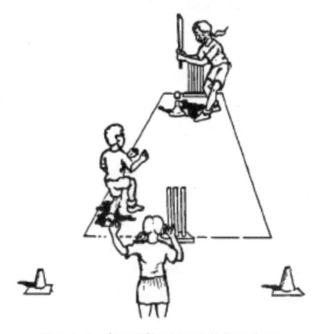

圖 3-3-2　擊球到標誌區域遊戲示意圖

五、球托標記場地遊戲

人數：每隊 5～6 人。

器材：球板 1 個，球 1 個，球托 1 個，椿門 1 個，場地標記 8 個。

目標：6 次將球擊入得分區，贏得最高分。

準備活動：

● 將一球椿放在場地內，在球托上放一球，把球托放在球椿上；

● 一擊球員站在球椿前準備擊球，其餘球員作為場外接球員。

遊戲方法：

● 每個擊球員有 6 次擊球機會（不計誤擊或未出中間區的球）；

● 場外接球員不允許進入中間區；

● 攔截到球的場外接球員將球沿地面傳給擊球員；

● 得分最高者獲勝。

注意要點：

● 擊球員在擊球前有無退步擊球或橫跨擊球；

● 球是否沿地面傳出。

教學建議：

● 根據擊球員技術相應調整中間區面積；

● 擴大場地範圍增加兩隊間的比賽空間；

● 技術上，其餘擊球員上場前與陪練進行擊球練習。

鼓勵：

● 擊球時保證球從高到低落到場地內；

● 擊球員應朝著空地擊球。

六、兩人一組擊球遊戲

人數：每隊 8 人。

器材：球板 2 個，球 3 個，球托 2 個，球樁 2 個。

目標：擊球員兩人一組接擊投球或直接擊球盡可能贏取得分。

準備活動：

● 設置球樁，中間間隔 13～16 公尺；

● 在擊球員前方的球道兩側放置兩個擊球球托，把球放在球托上；

● 將球員分組，每組 2 人，給組編號；

● 每隊最多 8 人。

遊戲方法：

● 每組有 2 個回合（12 個球）的擊球機會及 2 個回合（12 個球）的投球機會，如需要可低手投球；

● 當其中一名球手投球時，另一名守樁；

● 如果投出的球未被擊中（或球未能擊中球樁）或者球飛出了擊球員的接球範圍，擊球員選擇另一球托擊球；

● 遊戲只計被擊中的球；

● 當擊球員被投球砸樁、擊球被接或被未歸位砸樁，擊球員被淘汰；

● 如果擊球員被淘汰，則與副擊球員交換場地繼續擊球；

● 除擊球員或投球手，其餘球員在場外接球；

● 每個球員都有機會擊球、投球、場外接球和守樁。

注意要點：

● 場外接球員接球和傳球的動作是否正確；

● 擊球員之間是否有交流和接應。

教學建議：

● 合理地對擊球員和投球手進行組合搭配；

● 安排 1～2 名場外接球員做防守以擴大比賽空間。

鼓勵：

● 提倡優秀的運動員素質（如：表現精彩時鼓掌、握手以及接受裁判員決定，等等）。

七、直擊球遊戲

人數：每隊 8～12 人。

器材：球板 1 個，球 1 個，場地標記物 3 個，球托 3 個。

目標：擊球（或低手擊球），使球從兩個標記之間穿過。

遊戲方法：

● 擊球員擊球，使球在場外接球員防守的兩個標記之間穿過；

● 擊球員跑到一側的標記，並設法在球回到守樁員之前回到擊球點；

● 成功擊球一次，球手贏得 10 分；未歸位擊球一次扣 5 分；未擊到球 0 分；

● 每名球員有 5 次投擊球機會。

注意要點：

● 球員是否擊中球，球是否穿過標記；

- 場外接球員接球是否成功;
- 場外接球員回傳球時是否規範。

教學建議:

- 比賽建議用低手慢傳球,而不用直接擊球;
- 使用不同打法,如向場地右後方擊球、向場地左前方擊球;
- 技術上 2 人配合擊球。

鼓勵:

- 享受此項運動,從中體驗樂趣;
- 強調嫻熟的擊球技術和場外接球技術。

八、擊球遊戲

人數:每隊 8~10 人。

器材:球板 1 個,球 1 個,球托 1 個,場地標記物 4 個。

目標:將球擊回給守樁員。

遊戲方法:

- 將球員平均分成兩組;
- 設置一塊類似棒球場地的菱形場地,每個壘設一名球員,其餘球員在場內接球;
- 接球員一方應在第一壘設一名守樁員;
- 擊球員在場內擊球,然後順著場地外沿順時針跑動;
- 接球員接到球後,把球傳向守樁員;
- 如果擊球員將球擊回,擊球隊得 1 分;反之,擊球員出局。

注意要點：
- 球是否始終在邊界以內；
- 接球方得分是否容易。

教學建議：
- 讓球員用他們不太習慣使用的一側手臂扔球；
- 讓球員兩人一組進行練習以減輕壓力。

鼓勵：
- 享受此項運動，從中體驗樂趣；
- 對於扔球動作規範的球員進行表揚。

九、擊球跑分比賽

器材：1塊板，1個球，1個球托，2個樁門，2～3個標誌物。

遊戲方法：
- 4～8人一組，編好號；
- 1號先擊球，其他人充當場地接球員；
- 球放在球托上，把球擊向標誌出的範圍；
- 擊球後快速跑分，能跑幾分跑幾分，直到球傳回到樁門區為止；
- 一個人接球時，其他防守隊員按編號排成一排，把球從前面的人傳給後面的人，最後一個人拿球後快速跑到樁門用球觸樁門；
- 這時，擊球員停止跑分；
- 按編號順序依次擊球跑分，球擊到指定範圍內跑分有效；
- 看誰跑分最多。

十、佇列式遊戲

人數：每隊 5～6 人。

所需器材：球板 1 個，球 1 個，球托 1 個，球樁 2 個，場地標記 2 個。

目標：每個擊球手儘量跑動得分。

準備活動：

● 根據擊球順序給球員編號；

● 將球放在球托上；

● 在擊球員前方球樁的兩邊放置 2 個標記（距擊球手越近，擊球越容易；反之則越難）。

遊戲方法：

● 擊球員擊球，使球從兩個界外標記間及跑動標記間穿過；

● 場外接球員接球；

● 其餘球員跑動，在場外接球手身後排成一列；

● 接球員將球依次往後傳；

● 最後一名球員接到球後跑動至投手一邊，用球接觸球樁來阻止擊球手跑動；

● 各球員輪流跑動；

● 跑動得分最高者獲勝。

第四節　投球遊戲

一、投分比賽

人數：每隊 10～14 人。

器材：球 1 個，場地標記 10 個，球椿 2 個。

準備活動：

● 選出兩組球員，每組 4～6 人；

● 用 4 個標記標出遊戲場地，場地大小由球員數量決定；

● 在兩邊用 3 個標記標出投球手範圍。

遊戲方法：

● 控球一方球員在給同隊隊員傳球時最多可以走動 5 步，如果球落地或被攔截，則換對方控球；

● 活動目標在於把球傳給在指定區域內（其餘球員不得進入）的投手，投手接到球後砸椿贏分；

● 球被拋出後在超過球椿前不允許被攔截；

● 砸椿成功則積 1 分，然後球被傳回賽場中間，由得分方發球；

● 球員間不允許身體接觸。

教學建議：

● 在固定區域安排防守隊員以避免擁擠；

● 可把球椿前移，使投球手更易成功砸椿。

二、多人遊戲

人數：每隊 5～6 人。

器材：球板 1 個，球 1 個，球樁 3 個，場地標記 4 個。

準備活動：

● 選兩組球員，每組 6 人；

● 設置 3 個球樁，分別面向四個不同的投球方向；

● 每個投球點設一名投球手，其餘兩名場外接球。

遊戲方法：

● 擊球員每次擊一球；

● 擊球員擊球，來回跑動一次，得 1 分；

● 不管擊球員是否歸位，場外接球員接到球後將球傳給任意一名投球手，投球手應立即投球；

● 投球手擊中球樁或球被接住，則擊球員淘汰；

● 所有擊球員被淘汰下場後，兩隊交換遊戲角色；

● 得分較高一方獲勝。

注意要點：

● 投球手投球姿勢是否正確；

● 擊球員是否把球擊入空地，用力是否適度。

教學建議：

● 強調投球手注意投球姿勢，可放慢投球速度；

● 避免同一名投球手連續投兩次，保證所有投球手都有機會投球。

鼓勵：

● 球員應該為同隊球員喝彩，但不向對手喝倒彩，這是作為一名板球手應該具有的素質。

三、「投球得分」遊戲

人數：8～12 個球員。

器材：　1 個球，2 個球樁，10 個場地標記。

準備活動：

● 分成兩隊，每隊 4～6 個球員；

● 用 4 個場地標記圈定一塊場地，場地的大小據球員的多少確定；

● 在場地的兩端分別用 3 個場地標記標出投球手投球時不可跨出的區域。

遊戲方法：

● 持球者在將球傳給隊友前持球跑動不可超過 5 步，如果在傳球過程中，球碰到地面或被攔截，對方開始持球；

● 持球方的目標是將球傳給場地兩端標記的區域（其他隊員不可進入此區域）中的投球手，投球手然後將球投出以擊中球樁得分；

● 球一旦投出，只有當飛過球樁後對方才可攔截；

● 如果球擊中球樁，得 1 分，然後，將球放回場地中央，得分方開始新一輪的傳球；

● 如果投球手投出的球未擊中球樁，對方成為持球方；

● 遊戲過程中，不可有身體接觸。

教學建議：

● 在固定區域安排防守隊員以避免擁擠。

四、菱形場地遊戲

人數：每隊 8～12 人。

器材：球板 4 個，球 4 個，球托 2 個，球樁 5 個。

目標：以組為單位贏取跑動得分。

準備活動：

● 將球手分為 3 組，每組 4 人（每隊最好有 12 人）；

● 第一組擊球，第二組投球或守樁，第三組場外接球（如果只有兩個小組，則一組擊球，另一組投球）；

● 如果人數允許，並有陪練在場，將其餘 4 名球手作如下分配：2 名球手場外接球，2 名場下練習投球（12 個球後依此循環）；

● 如果一組球員在 4 人以上，則用球托另做一個樁位；

● 在球道兩側、擊球員前方放置兩個球托。

遊戲方法：

● 每個投球手投 6 次後換下一投球手上場；

● 如果投出的球未擊中（或球未能擊中球樁）或者球飛出了擊球員的接球範圍，擊球員選擇另一球托擊球；

● 比賽只計入被擊中的球；

● 當擊球員被投球砸樁、擊球被接或被未歸位砸樁，擊球員淘汰；

● 擊球員被淘汰之後即輪入下一樁位，如果出現未歸位砸樁則不得分；

● 當擊球員擊中球後，4 個擊球員按逆時針方向跑到下一個樁位；

- 擊球員每次跑動樁位可多於一個；
- 每次 4 個擊球員成功跑到下一個樁位即贏得 1 分；
- 在所有投球手都投滿 6 個球後，小組交換比賽角色；
- 每個小組完成擊球和投球之後，比賽結束；
- 得分最高一方獲勝。

注意要點：

- 投球手投球技術是否精確，是否保證擊球員的擊球命中率；
- 投球手是否集中精力注視期望的落球點。

教學建議：

- 初學者應該站在投球點投球，不要助跑。

鼓勵：

- 依照教練員的指導正確完成投球的投球手應適度增加強度。

第五節　競技性遊戲

一、袋鼠遊戲

人數：每隊 12 人。

器材：球板 2 個，球 3 個，球托 2 個，球樁 2 個，場地標記 8 個。

準備活動：

- 選兩組球員，每組 6 人；
- 把每組球員分成 3 組搭檔，給其標號。

遊戲方法：

● 每組搭檔擊兩回合球（12 次擊球）；

● 一組擊球，其餘投球；

● 每組搭檔投兩回合球（12 次投球）；

● 其中一名投球，另一名守樁；

● 如果出現無效球，則可前場自由擊球，但球必須向前（球樁後擊球不計入評分）；

● 擊球員只能自由擊球一次，場外接球員在擊球手擊球後方可向內移；

● 場外接球員只能在離擊球員 10 公尺以外距離接球；

● 遊戲只計被擊中的球；

● 如果投球員擊中球樁，或球被接住，或被未歸位砸樁，則擊球員淘汰；

● 如果球被擊入雙倍計分區，則得分翻倍；

● 場外接球員每砸樁一次積 5 分；

● 擊球方擊球結束後，雙方交換角色；

● 得分高的一方獲勝。

注意要點：

● 鼓勵球員投旋轉球（每回合投幾次）；

● 投球手是否能投旋轉球；

● 在投球手投旋轉球時，擊球員是否注意投球員的手部動作；

● 擊球員是否恰到好處地跨出擊球線擊球；

● 場外接球員是否到位。

教學建議：

● 若球員在嘗試擊旋轉球時被守樁員砸樁或被未歸位

砸椿，不要淘汰擊球員。

鼓勵：

● 鼓勵各組之間展開關於得分策略的討論（例如：誰投球，誰擊球，如何進行場外接球等）。

二、場地比賽

人數：每隊 10～12 人。

器材：球 1 個，場地標記 8 個，球椿 2 個。

目標：同組球員之間互拋低手球，同時做好砸椿準備。

遊戲方法：

● 把球員平均分成兩個組；

● 在一塊長方形場地的任意兩條相對邊線上設椿；

● 球員不可帶球跑動，球最多只能在每位球員手裏停留 15 秒；

● 如果違反上條規則，或者球落地或出界，則失去控球權；

● 只有低手投球才能贏分。

注意要點：

● 球員是否遵守規則；

● 球是否在場內來回傳送，是否有贏分。

教學建議：

● 設置一些新的規則，如：如果球員間有身體接觸，則失去控球權；允許球沿地面滾動；

● 讓球員兩人一組進行練習以減輕壓力。

鼓勵：

● 享受此項運動，從中體驗樂趣；

● 鼓勵球員積極跑動，表揚接球動作規範的球員。

三、鑽石賽 1（1 名投手）

場地：四邊形，四個角分別擺放 4 個椿門，每個椿門前站一名擊球員，中間放一個標誌物。

準備活動：

● 擊球方把學生分成 4 人一組，編號 1、2、3、4；

● 防守方也如此編號；

● 擊球方每次上 4 名擊球員，防守方出 1 名投手，4 個椿門接球員，其他人充當場地接球員。

比賽方法：

● 投手站在場地中間，可以向任意一個擊球員投球；

● 任何一個擊球員擊到球後，所有 4 名擊球員必須逆時針方向向下一個椿門跑動，每次跑動可以超過一個椿門，擊球員必須持板跑動；

● 擊球員的淘汰方式有：被接殺出局、被砸椿出局、自擊椿門出局、跑動中被殺出局；

● 擊球方擊球直到 4 名擊球員全部淘汰後，或者每隔固定時間換下一組，或者規定固定的投球數；

● 全部 4 名擊球員安全地跑到下一個椿門區記 1 分；

● 得分最多的一方獲勝。（圖 3-5-1）

四、鑽石賽 2（4 名投手）

器材：4 個椿門，4 個球板，1 個球。

場地：四方形，每個角擺放一個椿門。

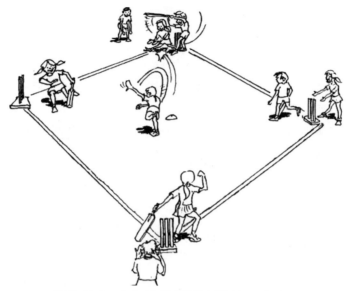

圖 3-5-1　1 名投手鑽石賽遊戲示意圖

準備活動：

● 將 32 名學生分成兩塊場地，每塊場地 16 人分成兩隊，每隊 8 人分成 2 次上場擊球，每次 4 人；

● 防守方也如此；

● 每次上場 4 名投手。

比賽方法：

● 每個樁門前站一名擊球員，每次上場的 4 名擊球員共擊兩個回合，共 12 個投球；

● 擊球員可用下列方式淘汰：被砸樁出局、自擊樁門出局、被接殺出局、跑動中被殺出局。

● 有人淘汰則跑分不計；

● 投球方投手同時也充當樁門接球員，投手可以在任

何時候投球，球傳回哪個投手手上時，就可以從他開始投球；

● 其他防守隊員充當接球員；

● 任何一個擊球員擊到球後，4 名擊球員逆時針方向跑向下一個椿門；

● 全部 4 名擊球員安全地跑到下一個椿門區記 1 分；

● 得分最多的一方獲勝。（圖 3-5-2）

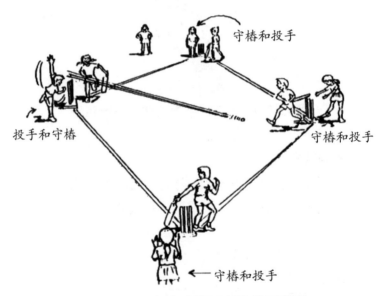

圖 3-5-2　4 名投手鑽石賽遊戲示意圖

第四章

板球運動身體素質

第一節　板球運動身體素質概述

　　板球運動集趣味和鍛鍊身體於一體，學生由跑、跳、投、靈敏、準確等多種運動技能的鍛鍊，可以發展速度、耐力、力量、靈敏、平衡等多項身體素質，非常適合於學生學習，在各級各類學校中普及。

　　這裏將板球運動中涉及到身體素質方面作一介紹，以便學生能夠更好地掌握板球技術，參加各級別板球比賽，進行基本身體素質的測試、評價和訓練。

一、板球運動身體素質的定義和分類

　　身體素質是指人體基本運動能力以及有效地完成專門動作的能力，主要體現在大腦皮質主導下不同肌肉的協調性。板球運動中要求具備的身體素質主要包括速度、力量、耐力、柔韌性、靈敏度、平衡能力等幾大類。

　　此外，還需要板球運動員保持合理的體成分，專項身體素質等。

　　身體素質的好壞與遺傳有關，同時也具有可塑性，從事專門的運動訓練可以明顯改善身體素質。

1. 速　度

人體快速通過空間距離的能力稱為速度素質，人體保持較長時間內快速運動的能力稱為速度耐力。速度和速度耐力是板球運動經常用到的非常重要的身體素質，如椿門間的快速跑動、接球前的快速移動位置、投球前的助跑等都需要有較好的速度素質。

2. 力　量

力量是人體肌肉緊張或收縮所表現出來的能力，是人體運動最重要的素質之一。力量素質主要由三種因素組成：一是做動作的肌肉群收縮的合力，主要取決於參與運動的每一塊主動肌的最大收縮力；二是主動肌同對抗肌、協同肌、固定肌的協調能力，這取決於各有關肌肉群的協調能力；三是骨槓桿的阻力臂和力臂的相對長度。

板球運動中擊球、投球和傳球都需要有較強的力量素質，尤其是爆發力。

3. 耐　力

耐力也稱有氧運動能力，是指人體長時間保持運動能力或抵抗疲勞的能力，也就是人體呼吸循環系統在長時間進行低強度或中等運動下的調節和恢復能力。板球運動中耐力素質十分重要，表現為長時間保持擊球、投球、防守等較高運動技能的能力。

此外，還要具備長時間的靈敏性耐力。反映耐力的最好指標是最大攝氧量。

4. 柔韌性

柔韌性是指人體各關節的運動幅度和靈活程度。影響柔韌性素質的因素很多，一方面取決於有關肌肉、韌帶的彈性和關節活動範圍，另一方面與神經支配及參加工作肌肉的緊張與放鬆的協調能力等有密切關係。

骨結構、關節周圍組織的體積、關節周圍的韌帶、肌腱、肌肉和皮膚的伸展性等是影響柔韌性的重要因素。隨著年齡的增長，人的柔韌性也會下降。柔韌性差不僅影響人體的伸展和靈活性，還會限制力量、速度和身體協調能力的發揮。

板球運動中，良好的柔韌性會使投球、擊球和防守技術運用起來更加舒展到位，充分發揮力量、速度等身體素質，增加技術動作的完成品質。

5. 靈敏度

靈敏度是一個人快速簡便地改變身體位置和方向的能力，它反映一個人神經系統以及協調性和速度等素質的綜合能力。板球運動中要求擊球員迅速地作出判斷，根據投球的變化，快速地改變和控制身體姿勢，維持身體的平衡和穩定，隨機應變地採取擊球技巧，以及防守隊員迅速地做出接球的位置移動，判斷採取何種技巧接球和戰術等，都需要有良好的靈敏能力。

6. 平衡能力

平衡能力是人在運動時，將肌肉、肌腱、關節以及視

覺的各種刺激綜合起來，協調控制運動狀態的能力。平衡分靜態平衡和動態平衡兩種。靜態平衡是指人體在相對靜止狀態下，保持姿勢穩定的能力；動態平衡指人體在運動過程中維持平衡的能力。不管是靜態平衡能力還是動態平衡能力，主要是依靠內耳裏半規管的控制和調節。

　　板球運動中，平衡能力是一項非常重要的能力，如果在投球、擊球和防守時不能控制好身體平衡，將會嚴重影響技術的發揮，導致失敗的結果。

二、板球運動員身體素質測評方法

1. 速度的測評方法——20 公尺加速跑

　　測試方法：在地面上畫一條線為起跑線，然後分別在 5 公尺、10 公尺和 20 公尺處各畫一條線。每條線旁邊站一名計時員。測試者站在起跑線前準備好，發令者喊：「預備——跑！」同時手臂用力向下揮。3 名計時員同時開表，當測試者胸部經過各條線時分別停錶，記錄成績。測試者需全力通過終點線。測試兩次，取最好成績。兩次之間可以有休息時間。（圖 4-1-1）

圖 4-1-1　20 公尺加速跑示意圖

2. 速度耐力的測評方法——遞增往返跑

測試目的：可以評價測試者的速度耐力和靈敏度綜合能力。

測試方法：在地面上每隔 5 公尺畫一條線並做一明顯標誌（球托）。測試者站在起點線（0 號標誌物）後，聽到口令後開始向第 1 號標誌物（球托）5 公尺線處快速起跑，觸摸到 5 公尺線上的標誌物（球托）或腳越過 5 公尺線後，迅速往回跑到 0 號標誌物（起點線）。越過起點線後，再向第 2 號標誌物（球托）10 公尺線處快速跑，觸摸到 10 公尺線上的標誌物（球托）或腳越過 10 公尺線後，迅速往回跑到 0 號標誌物（起點線）。

如此反覆，逐漸增加跑動距離。測試者跑 30 秒鐘，記錄下跑動的總距離。測試 6 次，計算總成績。（圖 4-1-2）

圖 4-1-2 遞增往返跑示意圖

測試要求：讓測試者盡可能多地跑出最大距離。

評價方法：

① 6 次遞增往返跑的總距離；

② 最好一次的跑動距離；

③ 最好一次和最差一次之間的差值（反映疲勞程度）。

3. 力量的測評方法

測試身體不同部位肌肉力量的方法主要有：由握力測試前臂肌肉力量，仰臥起坐測試腰腹和軀幹力量，投實心球測試上肢和胸背肌肉力量，原地縱跳摸高測試下肢肌肉力量。

（1）前臂肌肉力量測評方法——握力

握力反映人前臂和手部肌肉的力量，是全身肌力的一個方面。握力大小受三個因素影響：

① 屈指肌肉在等張收縮時產生力量，叫動力性握力，是握力大小的決定因素；

② 屈指肌肉等長收縮時產生的力量，叫靜力性肌力，它不對握力產生直接影響，但透過用力，使手指維持一定姿勢，各小肌肉群間保持合力，所以對握力大小起間接作用；

③ 正確的握姿，雖然不直接影響握力，但會對影響到握持動作中起對抗、協同和固定作用的手部小肌群等起協調作用。

（2）腰腹和軀幹力量測評方法——仰臥起坐

測試方法：仰臥躺在地面上，兩腿蜷起，膝關節成直角，腳平放貼於地面。收縮腹肌，抬起身體，雙臂伸直盡可能向前搆，看搆到的最遠位置。注意：雙腳不要離開地面，否則不算數。

評價等級：

1 級：手過膝蓋。兩手放在大腿上，向前伸手時，手指可以觸摸到髕骨。

2 級：肘過膝蓋。兩手放在大腿上，向前伸手時，手肘可以觸摸到髕骨。

3 級：前臂到大腿。兩臂交叉放於腹部，手抓對側肘關節，收腹向前時，前臂可以觸碰到大腿。

4 級：肘到大腿中部。兩臂交叉放於胸前，手抓對側肩關節，收腹向前時，兩肘可以觸碰到大腿中部。

5 級：胸到大腿。兩臂彎曲放於頭後，兩手互抓對側肩關節，收腹向前時，胸可以觸碰到大腿。

6 級：胸到大腿加 2.5 千克重量。兩臂彎曲放於頭後，兩手抓 2.5 千克重量的槓鈴片，收腹向前時，胸可以觸碰到大腿。

7 級：胸到大腿加 5 千克重量。兩臂彎曲放於頭後，兩手抓 5 千克重量的槓鈴片，收腹向前時，胸可以觸碰到大腿。

（3）上肢和胸背肌肉力量測評方法——胸前投實心球

測試方法：坐在椅子上，後背貼在椅背上伸直，測試者兩手握球放於胸前、下頜下面。用胸肩和上肢力量把球向前上方推出，越遠越好。可以用一個束縛帶放在測試者胸前，同伴抓住帶子向後拉，防止用力向前推球時椅子跌倒，使受試者可以僅用上肢和胸肩肌肉力量。可以先試測一次，然後正式測兩次。測量椅子最前沿到球落地點之間的距離，取兩次最好成績。

（4）下肢肌肉力量測評方法——原地縱跳摸高

測試方法：測試者靠近不少於 4 公尺高的光滑的牆壁側身站立，地板平整無雜物，兩腳靠近，手持粉筆置於食指和中指之間。站直向上伸臂，用粉筆在能夠到的最高處

畫一條線。下蹲到合適位置，身體保持平衡，然後垂直向上跳起，用手上的粉筆在能摸到的最高處畫一個標記。重複再跳一次，用尺子測量兩個標記之間的距離為測試者的縱跳高度。

4. 有氧耐力的測評方法——20 公尺穿梭跑

20 公尺穿梭跑測試可以估算出最大攝氧量。

測試方法：距離 20 公尺畫兩條線，測試者在兩條線之間按規定節奏來回跑動。開始時計時器節奏較慢，每分鐘會加快一點，難度會逐漸增加，測試者也相應進入到一個新的水準。如果測試者跟不上節奏和速度，無法再堅持測試下去，則停下來時的水準數和完成的跑動圈數被記錄下來（如水準 9 第 4 圈）。然後查 273 頁表就可以得到最大攝氧量的對應值。

5. 柔韌性的測評方法——坐位體前屈

坐位體前屈的測試方法：脫鞋坐在地面上，兩腳向前平伸，在腳跟處畫出一直線，兩腳中間平放刻度尺，零點在靠近自己身體的一側，兩手伸直慢慢沿尺子向前伸，儘量伸至最遠處，停留 3 秒鐘。注意上身不能起來，膝蓋也不能彎曲，頭可往下低，下頜向胸部靠攏。

或使用儀器測試：坐在儀器的墊子上，伸直雙腿，兩臂伸直，使身體前屈，用兩手指尖推動游標向前至最大限度。指尖超過腳底為正值，不到為負值。

20公尺穿梭跑測試有氧耐力最大攝氧量值對照表

水準	圈數	最大攝氧量值	水準	圈數	最大攝氧量值	水準	圈數	最大攝氧量值	水準	圈數	最大攝氧量值
4	2	26.8	10	2	47.4	14	12	64.0	19	2	78.3
4	4	27.6	10	4	48.0	15	2	64.6	19	4	78.6
4	6	28.3	10	6	48.7	15	4	65.1	19	6	79.2
4	9	29.5	10	8	49.3	15	6	65.6	19	8	79.7
5	2	30.2	10	11	50.2	15	8	66.2	19	10	80.2
5	4	31.0	11	2	50.8	15	10	66.7	19	12	80.6
5	6	31.8	11	4	51.4	15	12	67.5	19	14	81.3
5	9	32.9	11	6	51.9	16	2	68.0	20	2	81.8
6	2	33.6	11	8	52.5	16	4	68.5	20	4	82.2
6	4	34.3	11	10	53.1	16	6	69.0	20	6	82.6
6	6	35.0	11	12	53.7	16	8	69.5	20	8	83.0
6	8	35.7	12	2	54.3	16	10	69.9	20	10	83.5
6	10	36.4	12	4	54.8	16	12	70.5	20	12	83.9
7	2	37.1	12	6	55.4	16	14	70.9	20	14	84.3
7	4	37.8	12	8	56.0	17	2	71.4	20	16	84.8
7	6	38.5	12	10	56.5	17	4	71.9	21	2	85.2
7	8	39.2	12	12	57.1	17	6	72.4	21	4	85.6
7	10	39.9	13	2	57.6	17	8	72.9	21	6	86.1
8	2	40.5	13	4	58.2	17	10	73.4	21	8	86.5
8	4	41.1	13	6	58.7	17	12	73.9	21	10	86.9
8	6	41.8	13	8	59.3	17	14	74.4	21	12	87.4
8	8	42.4	13	10	59.8	18	2	74.8	21	14	87.8
8	11	43.3	13	12	60.6	18	4	75.3	21	16	88.2
9	2	43.9	14	2	61.1	18	6	75.8			
9	4	44.5	14	4	61.7	18	8	76.2			
9	6	45.2	14	6	62.2	18	10	76.7			
9	8	45.8	14	8	62.7	18	12	77.2			
9	11	46.8	14	10	63.2	18	14	77.9			

6. 靈敏度的測評方法——17.7 公尺×3 折返跑

測試方法：在地面上畫線或用樁門或標誌物等確定測試場地。起跑線和終點線之間距離為 17.7 公尺，在距離終點線前 5 公尺（距離起跑線 12.7 公尺）處畫一條線或擺放一個標誌物，站 1 號計時員。

終點線站 2 號計時員，測試者手持球板站在起跑線後，聽到發令員口令後迅速起跑，2 號計時員開表，當經過 1 號計時員面前的線或標誌時，1 號計時員開表，測試者用板在終點線上畫過後，迅速轉身往回跑，當再次經過 1 號計時員時，計時員停錶。

測試者經過起跑線後，再轉身向終點線快速衝刺跑，2 號計時員記錄所用總時間。可以測兩次，取最好成績。3×17.7 公尺折返跑的總時間和轉身時間用於評價靈敏度。（圖 4-1-3）

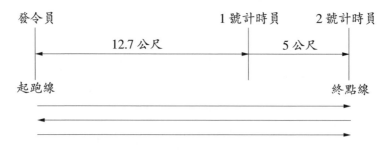

發令員　　　　　　　　　　　1 號計時員　　2 號計時員

12.7 公尺　　　　　5 公尺

起跑線　　　　　　　　　　　　　　　　終點線

圖 4-1-3　17.7 公尺×3 折返跑線測試示意圖

7. 平衡的測評方法——動態平衡測試實驗

測試方法：用 2 公分寬的膠帶，做成 5 公分長的 10 個標誌點。右腳從開始標誌線起跳，左腳前腳掌落在第 1 個標誌點上，保持腳跟離地狀態 5 秒鐘。然後右腳跳到第 2 個標誌點，保持腳跟離地狀態 5 秒鐘。輪流換腳跳至下一個標誌點，每個標誌點腳跟離地保持 5 秒鐘。每次成功地踏上標誌點得 5 分，在標誌點上保持平衡狀態每 1 秒得 1 分，這樣在每個標誌點上最多可以得 10 分，10 個標誌點總計可以得 100 分。

如果落地時未能用單腳前腳掌站穩，例如，雙腳著地或其他身體部位觸地，或未踏上標誌點，則丟掉 5 分。但單腳在標誌點上重新站好以後，5 秒鐘平衡的分數可繼續計算。平衡分數的獲得以保持平衡的秒數計算，如果另一隻腳觸地，單腳跳離標誌點，則計秒停止。回到失誤的標誌點開始向下一標誌點跳。

分數記錄員要數出測試者在每個標誌點上保持平衡的秒數，並記錄每個標誌點兩項得分。

8. 體成分的測評方法

體成分包括身高、體重、各種圍度、皮褶厚度等身體參數，反映人的身體形態、發育程度、肥胖程度等。其中，身高、體重是定期測量項目，每次測量最好是在一天中的同一時間，穿同樣多的衣服，在同樣的測量環境下進行。圍度測量包括胸圍、腰圍、臀圍、上臂緊張圍、上臂放鬆圍、大腿圍等。

皮褶厚度反映人體脂肪含量和分佈情況，主要測量部位有：胸部、上臂肱三頭肌部、肩胛下部、腹部、髂棘上部和大腿中部。也可用體成分測量儀直接測量出人體脂肪百分比、肌肉含量、水分等身體成分。

男性體脂百分比的正常值範圍是 10%～20%，女性為18%～28%，高過此範圍則說明脂肪含量高，體成分不合理，需要減肥；低於此範圍則說明偏瘦，脂肪不足。經常參加運動的人脂肪成分會比正常值偏少，肌肉發達，身體強壯。

由經常的體成分測試，可以瞭解各種體成分的變化，比單純測量體重更能反映出體質健康的變化情況。經過一段時間的有氧運動和肌力練習後，體重雖然沒有多大的變化，但這時測量體成分就會發現脂肪減少，肌肉增加了，這是一種很好的變化，說明鍛鍊起到了明顯效果。

第二節　板球運動身體素質練習方法

一、速度練習方法

發展速度素質必須加強肌肉力量，提高肌肉收縮與放鬆的協調性、良好的柔韌性和速度耐力。反覆進行肌肉快速動作的練習，能提高肌肉收縮速率，經過一定時間的練習可以改善神經對肌肉的支配，提高肌肉的工作效率，從而提高人體動作的速度素質。

短跑是提高速度素質最有效的方法。

1. 短跑的技術要領

（1）頭：

與軀幹保持在一條直線上，不要擺動，下頜放鬆。

（2）身體：

起跑向前加速時，上體前傾，然後在全速跑時逐漸變為豎直。身體保持穩定，不要做無必要的運動。

（3）手臂：

隨著腿的運動協調擺動，肘關節成直角，靠攏身體前後擺動。手部放鬆，拇指輕輕地放在彎曲的食指上，其他手指彎曲併攏靠在食指上。輕輕地握拳，向前擺動時不要超過鼻子前面，向後擺動時不要超過臀部，像活塞一樣運動。手臂擺動以肩膀為軸，肩膀放鬆。

（4）腿：

身體重心放在前腳掌上，腳後跟離地，向前直線擺腿，不要有側向擺動。大腿抬起的高度應與地面平行。腳向後朝臀部抬起。注意充分伸髖和伸膝。腳落地時不要有太大的聲音。

2. 提高速度的練習方法

（1）肩膀和手臂動作練習：

原地站立或走動，兩隻手臂按動作要領，練習前後擺動，注意各項細節，直到完全掌握動作技巧為止。

（2）跑步平衡控制練習：

保持下面姿勢盡可能長的時間，然後兩條腿交換，每條腿每次 20 秒鐘，重複 5 次。

① 抬起大腿與地面平行，膝關節放鬆，腳位於臀部的正下方；

② 踮起腳尖，充分伸腿伸髖向上；

③ 挺直軀幹，保持正確的手臂動作，練習協調性。

（3）提膝：

跑動中膝關節的向前擺動很重要，提供身體向前的動力和轉矩。

以下練習可以強調和加強提膝的作用。

① 單膝高抬：注意力集中，軀幹伸直不能彎曲，腹肌收緊，抬起一條腿，膝關節彎曲，當大腿與地面平行或稍高時，前腿伸直，像快跑時一樣。開始動作較慢，逐漸加快速度。注意快速運動時不要影響軀幹的穩定性。動作熟練後可以加上手臂的正確擺動。每條腿重複練習幾分鐘。

② 快走或慢跑時練習手臂的擺動和提膝動作。

③ 練習垂直爆發力：盡可能向上高跳，兩隻手臂和兩條腿配合用力。腿蹬地時的速度要快，時間短，每條腿跳10次，重複5組。

④ 行進間高抬腿跑：快跑時要求膝關節抬到水平位置，手臂正常擺動，每次跑20公尺，重複10次。

（4）步長練習：

決定速度的另一個重要因素是步長。

下面的練習方法有助於提高步長。

① 跨步走：注意後腿離地時保持彈性，在合適的角度彎曲。保持軀幹穩定，胸部不要前後運動。開始時步幅較小，但要注意用力蹬腿動作。保持好正確的手臂動作。練習5個20公尺。

② 跨步跑：用 80%最高速度的速度奔跑，每次跨步時距離要長於正常步長，擺動兩臂和雙腿加強動力，每次跨步 20 次，練習 5 組。

（5）減少腳與地面接觸的時間練習：

影響速度的一個重要原因是腳落地時接觸時間太長。要想提高跑步效率，必須使腳與地面接觸的時間最短。可以由以下練習達此目的。

① 踢臀跑：向前跑，膝蓋併攏，腳向後盡可能地抬，踢向臀部，越快越好。跑 20 公尺，重複 10 次。

② 腳尖跑：用腳尖快速原地跑，每次只抬離地面一二十公分，每次持續 10 秒鐘，重複 5 次。

③ 前傾出發：兩腳併攏站立，向前傾倒，然後迅速邁一步不至於跌倒。用同樣方法練習出發跑 5 公尺，重複 10 次。練習時注意手臂的擺動和膝關節的用力。

（6）練習實例

上述快跑技巧逐漸熟練掌握後，練習轉為以速度為主。每次訓練課前熱身後做 5 分鐘的技巧練習可以對後面訓練有幫助。下面是速度練習的實例。

板球專業運動員：

① 以 80%最大速度跑 10 個 50 公尺，跑完後走回來；休息 5 分鐘；再以 80%最大速度跑 10 個 25 公尺，跑完後走回來。

② 以 90%最大速度跑 10 個 50 公尺，跑完後走回來；休息 3 分鐘；再以 100%最大速度跑 10 個 25 公尺，跑完後走回來。

③ 以 100%最大速度跑 20 個 25 公尺，跑完後走回

來。

一般學生：

① 50 公尺加速跑，2～3 次；

② 25 公尺跨步後蹬跑，2～3 次；

③ 20 公尺行進高抬腿跑，2～3 次；

④ 50 公尺全力跑，2 次。

二、力量練習方法

發展力量素質，主要是使肌纖維變粗、肌肉體積增大，使肌肉絕對收縮力量增大，提高力量素質。此外，經常進行力量練習可以改善神經控制，動員更多的肌纖維參加運動。力量素質包括上肢肌肉力量、腰腹部肌肉力量、胸背部肌肉力量和下肢肌肉力量等。

進行力量練習時，開始採用中等負荷量（大約為本人最大負荷量的 70%）效果較好。以這樣的負荷量進行練習，人體內運動神經元只產生中等程度的興奮，不易疲勞，可進行多次重複練習，這樣才有利於增加肌肉中蛋白質的含量，提高肌肉的絕對數量，從而增強肌肉力量。

1. 上肢肌肉力量練習方法

（1）彎舉：

兩腳左右開立，兩手手心向上握槓鈴，握距同肩寬。兩臂下垂伸直置於體前為開始姿勢，兩臂同時屈肘將槓鈴舉起、稍停，然後有控制地回落至開始姿勢。

（2）彎拉：

兩腳左右開立，一腳踩橡皮筋的中間（或彈簧拉力

器），兩手握兩端把手、伸直兩臂為開始姿勢。兩手用力彎拉、稍停，然後將臂慢慢有控制地回落成開始姿勢。

（3）提肘拉練習：

正握槓鈴（窄握），兩臂伸直，垂於體前為開始姿勢。然後提肘將槓鈴貼身向上提拉至鎖骨處稍停，然後再慢慢有控制地回落至開始姿勢。

（4）頸後推舉：

兩腳左右開立，兩手正握槓鈴，將槓鈴放在頸後肩上為開始姿勢。將槓鈴從頸後垂直推起至兩臂伸直，然後再慢慢有控制地回落至開始姿勢。

（5）仰臥臂屈伸（仰臥頭後彎舉）：

仰臥在長凳上，兩手正握槓鈴稍小於肩寬，垂直上舉為開始姿勢。兩臂向頭部後方做屈彎動作，肘關節固定在最高處，然後再慢慢伸直至開始姿勢。

（6）腕屈伸：

坐姿或蹲立，兩手正握或反握槓鈴，前臂放在膝關節上，兩手腕向膝關節前伸出為開始姿勢。手腕向上屈，向下伸，做屈伸動作。

（7）捲繩：

兩腳左右開立，兩臂前舉，手握橫杆兩側，略寬於肩，為開始姿勢。橫杆中間懸掛重物，兩手依次將繩捲起，然後再慢慢捲回落至開始姿勢。

2. 胸背部肌肉力量練習方法

（1）仰臥推舉（臥推）：

平仰臥在長凳上，兩腿彎曲放在凳的兩側，兩腳踏在

地上，兩手正握槓鈴，置於胸前彎曲的開始姿勢。兩臂向上推直，稍停，然後再有控制地落下，還原成開始姿勢。

（2）啞鈴仰臥擴胸（飛鳥）：

仰臥在長凳上，兩腳分開，彎曲放在凳的兩側，兩腳踏在地面上，兩手正握啞鈴，手心相對，兩臂舉至兩肩的垂直上方為開始姿勢。兩臂同時向兩側下落，下落時兩肘逐漸彎曲（肘的角度大於 90°），充分下落。然後再以胸肌收縮的力量，向原路舉起成開始姿勢。

（3）俯臥撐：

俯臥，兩臂伸直，兩手五指分開，手指向前撐地，或握在支架上為開始姿勢。然後屈臂使身體下降至最低點，使兩肘高於兩肩，再伸直手臂撐起身體，身體保持正直、兩臂夾緊，不得塌腰挺腹。身體下降時要緩慢，撐起時要稍快。此動作可在背上負重槓鈴片。俯臥撐有高位俯臥撐和墊高腳部的俯臥撐，墊高腳的俯臥撐，鍛鍊胸的上部肌肉。

（4）雙槓雙臂屈伸：

雙手支撐在雙槓上，下肢與軀幹放鬆下垂為開始姿勢。雙臂彎曲使身體下降至最低點肘稍停，然後雙臂用力伸直撐起身體至開始姿勢。

（5）引體向上：

兩手寬正握單槓成懸垂的開始姿勢。雙臂用力屈臂引體向上至下頜超過槓面，稍停然後再有控制地慢慢下落至開始姿勢。此動作兩手握距有與肩同寬練習、雙手寬握距練習，又有頸前拉和頸後拉練習之分。

（6）划船動作（俯立提拉）：

兩腳左右開立，兩手正握槓鈴，握距比肩稍寬，上體

前屈約與地面平行，稍抬頭，將槓鈴下垂於體前為開始姿勢。然後用力，將槓鈴沿腿部上拉接近胸部，稍停，再有控制地慢慢下落至開始姿勢。

（7）負重體前屈（向前弓身）：

兩腳左右開立，兩手正握槓鈴，將槓鈴置於頸後雙肩上，腰背挺直為開始姿勢。上體前屈至 90°左右，然後還原成開始姿勢。

3.腹部肌肉力量練習方法

（1）仰臥起坐：

仰臥在墊上，並腿屈膝，兩腳被同伴壓住，兩手交叉抱頭為開始姿勢。用力收腹使上體前屈成坐撐，當肘關節觸膝後，再慢慢有控制地使上體回落至開始姿勢。此動作有徒手仰臥起坐、頸後負重仰臥起坐，仰臥起坐轉體等做法。

（2）仰臥舉腿：

仰臥在長凳上，兩手握住凳端做固定為開始姿勢。然後用力收腹舉腿，當兩腿舉至最高處後，再慢慢有控制地落至開始姿勢。

（3）元寶收腹：

仰臥在墊上，兩手抱頭為開始姿勢。用力收腹屈腿，同時上體收腹起坐，當兩肘觸膝後，再有控制地下落成開始姿勢。

（4）負重體側屈：

兩腳左右開立，一手提啞鈴、腰部放鬆成側屈的開始姿勢。然後用腹側部的力量將啞鈴提起恢復開始姿勢。再

從另一側做。

（5）負重轉體：

兩腳左右開立寬於肩，兩手並握啞鈴，兩臂伸直，上體前傾為開始姿勢。以腰為軸，兩臂經體側向後繞環一周，還原至開始姿勢。以慢節奏連續做。

（6）斜板舉腿：

兩手握肋木仰臥在斜板上為開始姿勢。然後收腹用力向上舉腿，稍停，再有控制地落至開始姿勢。

（7）懸垂舉腿：

在單槓上懸垂，用腹肌力量把雙腿向上抬起，靠近身體，然後有控制地落至開始姿勢。

4. 下肢肌肉力量練習方法

（1）深蹲（負重後深蹲）：

兩腳左右開立，挺胸、收腹、緊腰，雙手正握槓鈴置於頸後肩上負重為開始姿勢。向下做深蹲，當蹲至大腿和小腿重疊時，用力伸直膝關節和髖關節起立至開始姿勢。此動作下蹲要慢，起立稍快。

（2）半蹲（負重後半蹲）：

同深蹲，只是在下蹲時大小腿夾角至 90°為止，然後再起立。

（3）負重半蹲跳：

兩腳自然開立，雙手持槓鈴放在頸後肩上，挺胸收腹緊腰為開始姿勢。然後先做半蹲，當大小腿的夾角約成90°時，兩腿用力蹬直向上跳起，前腳掌落地後連續半蹲跳。

（4）弓步跳（負重弓步跳）：

兩腳前後開立，雙手持槓鈴置於頸後肩上，挺胸緊腰為開始姿勢。然後兩腿交換成弓步跳，跳完後恢復開始姿勢。

（5）挺舉跳：

兩腳自然站立，兩手正握槓鈴置於胸前彎曲為開始姿勢。屈膝起跳成弓步落地，同時兩臂用力將槓鈴向上舉起。然後兩腳同時起跳恢復開始姿勢。連續跳。

（6）提踵：

兩腳左右開立，腳前掌站在槓鈴片上，腳跟露在槓鈴片外，兩手持槓鈴置於後肩上為開始姿勢。然後提踵起立，稍停後放下，腳跟恢復開始姿勢。

（7）俯臥腿彎拉：

俯臥在長凳上，兩手握住凳邊固定身體，將拉力器或橡皮筋掛在腳腕處為開始姿勢。兩腿同時做彎拉動作。

三、耐力練習方法

發展耐力可以由增強肌肉力量，提高肌肉耐力，也可以鍛鍊改善神經系統的調節和心肺功能等方式來獲得。研究發現，經過一定時期有規律的運動訓練後，有氧耐力可提高 10%～30%。

從兒童階段就開始鍛鍊並堅持一段時間者，即使停止運動後，他們的最大攝氧量值仍然高於同齡人，說明長期的體育鍛鍊會充分發掘有氧運動能力的潛力。

1. 耐力練習的要求

耐力的培養是一個長期的系統過程，在這個過程中有氧能力自身以及與其他素質之間的關係不斷地發生著變化。有氧練習的方法、手段和要求需要根據這些變化不斷進行調整，以保證有氧練習的針對性和有效性。提高耐力應本著「漸進的極限負荷」原則，可以採用間歇鍛鍊方法，即可以透過：

（1）增加運動重複的次數；

（2）增加每次運動的時間；

（3）提高每次重複運動的強度；

（4）縮短每次運動的間歇時間等。

2. 耐力練習方法

耐力的練習可以由多種運動項目實現。

（1）中長跑遞增強度練習

① 分別以 70%、80%、90%、100%的最大速度跑 4 個 400 公尺，中間休息 1 分鐘。

② 分別以 70%、80%、90%、100%的最大速度跑 4 個 800 公尺，中間休息 1 分鐘。

③ 分別以 70%、80%、90%、100%的最大速度跑 4 個 1200 公尺，中間休息 1 分鐘。

（2）速度耐力練習

① 變速跑：100 公尺慢跑+100 公尺快跑（慢跑時間是快跑時間的一倍），3 組。

② 變速跑：200 公尺慢跑+200 公尺快跑（慢跑時間是

快跑時間的一倍），3 組。

③ 慢速度超人跑：男子為 2000～3000 公尺，女子為 800～1500 公尺。

練習方法：15～20 人成一路縱隊跑，最後一人從右側用稍快的速度跑到排頭時，然後最後一人再開始從右側跑到排頭。用此方法，集體跑完規定距離為止。

（3）接力比賽

練習方法：在田徑場上進行接力比賽，男子 800 公尺 × 若干人次，女子 400 公尺 × 若干人次。

四、柔韌性練習方法

發展柔韌性主要是發展關節周圍的韌帶、肌腱、肌肉和皮膚的伸展性，因此，改善關節和韌帶彈性，提高關節靈活性的練習，對提高身體柔韌有很大幫助。

一般有主動和被動兩種方法。主動爆發式的練習，要預先做好準備活動，以免拉傷肌肉或出現疼痛感，如踢腿、擺腿、轉腰等；被動慢張力拉長的練習，能有意識地放鬆對抗肌，避免損傷和疼痛，如各種壓腿、軀幹的前後屈等練習。

1. 伸展練習

（1）前面肌肉伸展

仰臥在墊上，雙腿蜷曲，腳掌著地開始。

① 靜躺數息：放鬆背部肌肉，10 秒鐘，重複做一次。

② 抬臀：保持呼吸節律，抬起臀部，10 秒鐘，重複做一次。

③ 屈伸膝：保持呼吸節律，收腿向身體，成 90°，然後慢慢伸直腿，10 秒鐘，交換，重複。

④ 墊上橋：保持呼吸節律，將臀部和腰抬起完全離開地面，肩膀和雙腳支撐如橋一樣，10 秒鐘，重複做一次。

（2）背部肌肉伸展

俯臥在墊上，兩臂互抱置於臉下。

① 俯臥舉腿：保持呼吸節律，向後抬起一條腿，腰不要離開地面，10 秒鐘，重複做一次，交換另一條腿。

② 伸手舉腿：保持呼吸節律，雙臂伸直放於地面，向後抬起一條腿，腰不要離開地面，對側手臂舉起維持平衡，10 秒鐘，重複做一次，然後交換另一側。

③ 抬腿伸臂：跪在墊上，雙手扶地，不要彎腰，抬起一條腿向後上伸直，同時對側手臂向前上伸直，10 秒鐘，重複做一次，交換另一側。

④ 跪姿：跪在墊上，雙手放於胸前交叉，後背挺直，低頭，10 秒鐘，重複做一次。

⑤ 站姿：立正，一條腿向後伸出，對側臂向前上伸出，成一條線，10 秒鐘，重複做一次，交換另一側。

（3）身體兩側肌肉伸展

① 側臥屈臂抬腰：側臥雙膝伸直，肘和前臂撐地，抬起身體，使身體成一條直線，10 秒鐘，重複做一次，交換另一側。

② 側臥直臂抬腰：側臥雙膝伸直，用手撐地，抬起身體，使身體成一條直線，對側腿上抬，使身體上部呈水平，10 秒鐘，重複做一次，交換另一側。

（4）身體各部位韌帶拉伸練習

五、敏捷度練習方法

發展敏捷度，關鍵是提高大腦皮質神經過程的敏捷性，增加大腦皮質各種分析器的靈活性和協調性，使人在快速運動中表現出準確的定時、定向能力，做出精確反應為主要目標。

常用的訓練項目有蛇行跑、聽信號急停、起跑或轉身、躲閃和追逐遊戲等。敏捷度素質一旦發展起來，能夠保持很久。下面是靈敏能力的練習方法。

（1）10公尺×4折返跑練習：

距離10公尺之間畫兩條平行線，線上放一個標誌物或礦泉水瓶，教師發令後，學生迅速起跑，到達對面線後，用手觸摸標誌物或推倒水瓶，轉身向回跑，再次用手觸摸標誌物或推倒水瓶，跑4個10公尺後衝刺回到起跑線。重複3～5組。

（2）各種控制球能力的練習：

單人或雙人的傳接球練習，包括拋球後原地轉身一周再接球、背後扔球前面接球、接頭上滾落球、拍手一次傳接球、閉眼聽口令再接球等等。

（3）接牆壁反彈球：

兩人一組，一人從不同方向，用不同力量向牆壁扔球，另一人接從牆壁反彈回的球。在熟練的基礎上還可以用非圓形但有彈性的球，由彈出方向的不確定性，增加難度。

（4）接奇異球練習：

兩人一組，互相向地面拋擲形狀怪異的奇異球，然後

接反彈球。

（5）其他項目練習：

如打籃球，在快跑中急停、躲閃跑、帶球晃過對手、尋找空隙切入、空中跳起投籃等練習。

六、平衡練習方法

發展平衡主要以訓練前庭器官適應性和穩定性為目標，提高平衡能力的練習，如單腳站立、倒立、急停、輪滑、划船、走木樁、走平衡木等，時間長了自然就會提高人體的平衡能力。下面是平衡能力的練習方法。

（1）做各種頭部運動

① 低頭仰頭：從低頭到仰頭，再由仰頭到低頭，每次做到最大限度，連續做 8×4 次。

② 左右搖頭：連續將頭從左轉到右，再從右轉到左，每次做到最大限度，連續做 8×4 次。

③ 環行繞頭：先低頭順時針方向繞 5 次，再逆時針方向繞 5 次，休息 10 秒鐘，連續做 4 次。

（2）兩步閉眼轉身走

在地面上畫一條直線。雙手叉腰站於線的一端，先向前邁左腳，重心跟上，再邁右腳，待腳掌著地後隨即左轉180°，左腳併於右腳。然後右腳後退一步，左腳跟著後退一步，待腳掌著地後隨即右轉 180°，右腳併於左腳。如此反覆進行，走到線的盡頭後，往回走，重複練習。要求無論是走或轉身，都不能偏離該直線。

（3）低平衡木練習

找到寬 10 公分、高 25 公分的平衡木一根，連續以正

常步伐前進三步，再以小步後退回到原位。來回反覆5～10次。平衡能力越強，動作越熟練，速度自然越快。

（4）旋轉練習

旋轉練習是提高前庭器官穩定性的最有效方法。

① 雙腳交叉踏點轉圈練習：右腳向左腳前交叉踏點，兩腳均用前腳掌，快速轉身一周，然後再次重複做。開始時旋轉速度適當慢些，隨著動作的熟練和平衡能力提高，速度可加快。

② 原地連續轉圈練習：兩腳併攏，上體稍前傾，然後連續做轉圈20次，重複3～5組。

第五章

板球教學比賽及戰術

第一節　板球教學比賽形式和規則

　　板球這個運動項目有許多種比賽形式，主要分為正式比賽和非正式比賽兩大類。正式比賽包括一日賽、兩日賽和五日賽，非正式比賽包括「8」強賽、六人制比賽、室內賽等很多種。這裏介紹幾種常用的教學比賽以及對正式比賽中一日賽、兩日賽作一簡要介紹。

一、「8」強賽的比賽形式和規則

　　「8」強賽是學生在學習板球的最初階段進行的一種簡單比賽。透過這種比賽，可以讓學生瞭解簡單的規則和比賽方法，使學生能夠在比賽中檢驗自己學習的基本技術，提高學生對板球學習的興趣和積極性。

1.隊伍的組成

　　每場比賽由兩隊參賽，分成擊球隊和防守隊。每隊最少8人，可以使用替補隊員，但場上始終保持8名隊員一隊。

2. 比賽器材和護具

（1）木製或塑膠球板均可以使用；

（2）使用軟球或者軟塑膠球均可；

（3）如用硬球，所有擊球員上場擊球時，必須配戴防護用具、手套和頭盔；

（4）守樁員最好戴頭盔和護具。

3. 比賽場地

在一塊平整的水泥、瀝青、塑膠或者土地上進行。場地大小依現實情況決定，從 30 公尺 × 20 公尺到 80 公尺 × 60 公尺均可以。

4. 比賽組織

兩隊在比賽前，隊長或者教師，將本隊 8 名隊員兩兩一對，分成四對，編號分別為 1 至 4 號。雙方隊長由投擲硬幣決定本方是先進攻還是先防守。

5. 防守方

（1）防守方 8 名隊員同時上場防守，其中第一對隊員分別作為投手和守樁員；

（2）每名隊員必須投一個回合，每個回合 6 個球；

（3）每名隊員必須做一次守樁員；

（4）所有投球手均在同一個樁門方向投球；

（5）投球手的助跑距離不得超過 8 公尺；

（6）每個回合最多投 6 個球，如果投手投出寬球或者

無效球，也記作一次投球，最後一個回合，必須投 6 個有效球。

6. 擊球方

（1）按照事先分好的號碼按 1～4 號順序上場擊球；

（2）每一對擊球員將打兩個回合，擊球 12 次，這一對擊球員要打滿 12 個球，其間無論被對方淘汰多少次。每一個回合後，兩名擊球員交換位置；

（3）擊球員被淘汰，就必須與他的同伴交換位置；

（4）擊球員被淘汰的情況有下列 6 種：

● 椿門被投手投出的球擊中

● 擊球員打到空中的球被直接接住

● 跑動中椿門被球擊中

● 椿門被對方守椿員用球擊中

● 球被擊打後碰到椿門或者接觸擊球員的身體後碰到椿門

● 擊球員沒有擊球，但球在碰到椿門以前，碰到擊球員的腿，此時球與椿門成一條直線（LBW）

7. 規　則

（1）正常的得分，按照板球的正式規則執行；

（2）投手每投出一個無效球，擊球一方得 2 分；

（無效球：擊球員正常站立時，球落地後，彈起至擊球員的肩膀高度時；投手投出的未著地的球，高度超過擊球員的腰部時。）

（3）投手每投出一個寬球，擊球一方得 2 分；

（判斷是否寬球：在樁門兩側，距離樁門 1.2 公尺的地方，分別放置一個塑膠錐形體，球投出此範圍以外，稱為寬球。）

（4）如果擊球員擊中寬球，這個球將被作為正常球對待。防守隊員在空中接到次球，擊球員將被淘汰出局；

（5）如果擊球員擊中無效球，可以在得 2 分的基礎上，視情況再加分；

（6）投手投球時，防守隊員不得在距離擊球員 10 公尺以內接球。不過，守樁員和靠近守樁員準備接擦板球的隊員除外；

（7）投手投球一側的樁門後面為雙倍得分區，擊球員將球擊打到這一區域，得分將加倍；

（8）擊球員每被淘汰一次，防守方將獲得獎勵分 5 分；

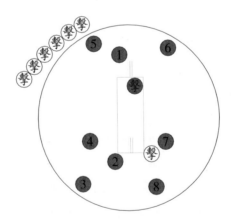

① 守樁員 ② 投手 ③──⑧ 防守隊員 擊 擊球員

圖 5-1-1 「8」強賽場上隊員站位示意圖

（9）比賽的勝負判定，以擊球得分與獎勵和罰分相加的總分多少決定；

（10）未輪到上場擊球的隊員，負責記分和裁判工作。

二、六人賽的比賽形式和規則

在掌握一定的基本技術和基本規則以後，可以進行比較正規的六人制比賽。在六人制比賽中，由於隊員比較少，每個隊員都要充當投手、擊球員和防守隊員的不同角色。守樁員可以是固定的隊員，同時，防守隊員少，防守的面積很大，對防守提出了比較高的要求。

1. 比賽器材和護具

（1）使用木製球板；

（2）使用正規比賽的木球；

（3）所有擊球員上場擊球時，必須配戴防護用具、手套和頭盔；

（4）守樁員必須要戴手套、頭盔和護具。

2. 比賽場地

比賽在板球場或者足球場內進行。

3. 比賽攻防的選擇

比賽的開始，由雙方隊長在裁判員的主持下，由擲幣決定擊球和防守的順序。

4. 防守方

（1）防守時，本隊 6 名隊員全部上場；

（2）投手始終在同一個椿門方向進行投球；

（3）一名隊員為守椿員（固定的隊員）；

（4）剩餘隊員輪流擔當投手和防守隊員的角色；

（5）除了投手和守椿員，只有 4 名隊員在場上防守，防守距離一般比較遠。

5. 進攻方

（1）隊員按照賽前確定的擊球順序上場擊球；

（2）擊球員只有被淘汰才下場。

6. 規　　則

（1）按照板球規則進行；

（2）比賽進行固定的回合數，一般進行 6 個或 12 個回合，每個隊員投 1 個或 2 個回合，有一名隊員替代守椿員多投 1 個或 2 個回合；

（3）守椿員出現漏接時，擊球員只有在跑動時，方能得分；

（4）一名擊球員在個人擊球得到 25 分時將被換下，由另一名隊員替代（寬球、無效球等罰分不計算在內）；

（5）如本隊隊員被淘汰，被換下的隊員可以再次上場比賽；

（6）後進攻的一方，得分超過先攻方，比賽結束。

①守樁員　②投手　③—⑥防守隊員　擊 擊球員
圖 5-1-2　六人賽場上隊員站位示意圖

三、室內賽的比賽形式和規則

板球是一項對天氣情況有一定要求的項目，在板球發達國家，氣候情況比較適合板球的開展，但是，在英國和澳洲以及中國北方地區進入冬季以後，在室外進行板球練習和比賽將會非常困難。這樣，為了使板球能夠成為一項不受天氣影響的項目，在這些地區修建一座室內場地，進行板球練習非常必要。在此種情況下，出現了小規模的室內比賽。

下面就室內板球比賽進行簡要介紹。

1. 比賽場地

一座室內體育館（最好牆體和頂棚不是玻璃製造），兩塊籃球場大小為最佳。

2. 比賽器材和用具

（1）一般使用木製球板；

（2）比賽使用實心的橡膠球；

（3）擊球員和守樁員最好穿戴護具。

3. 比賽組織形式

（1）比賽開始時，雙方隊長在裁判員的主持下，由擲幣決定進攻和防守的先後順序；

（2）比賽一般為固定回合數的比賽，一般情況下，12～16個回合；

（3）雙方的隊員一般情況下為6～10人（依實際情況決定）。

4. 防守方

（1）防守隊員全部上場防守，其中一人為投手，一人為守樁員；

（2）每個隊員都要做投手和守樁員；

（3）每一個回合，6個有效球；

（4）每名隊員所投的回合數目應當相同；

（5）一般情況下，防守隊員採用順時針旋轉的方式，輪轉防守位置；

（6）投手的位置固定在同一個樁門方向。

5. 進攻方

（1）隊員按照事先安排的順序上場擊球；

（2）每個隊員打兩個回合，然後下場，下一組隊員上場擊球。

6. 規　則

一般情況按照板球規則進行，由於是室內比賽，有一些具體要求：

（1）守樁員漏接，球滾出邊界，進攻如果沒有跑動，不能得分；

（2）擊球員將球擊打到兩側牆體上時，只得 2 分，只有打到較遠的正面的牆上時，方能得到 4 分；

（3）擊球員正常站位時，凡是投到擊球員身後的球，一律判為寬球；

（4）寬球和無效球每出現一次，進攻隊得 2 分；

（5）擊球員在得到 25 分時，下場休息；

（6）比賽勝負以得分多少進行判斷。

四、一日賽的比賽形式和規則

板球運動發展到現在，隨著社會生活節奏的不斷變化、加快，板球比賽中的一日賽，逐漸成為板球比賽的主流。中國國內現在進行的正式比賽都為一日賽。形式和規則如下。

（1）每隊有 12 名隊員，其中上場比賽 11 人，1 人為替補隊員；

（2）比賽雙方隊員身穿自己國家或者俱樂部的服裝參加比賽；

（3）每場比賽只進行一局，每隊的進攻局為 50 個回

合；

（4）規定的 50 個回合打完，或者進攻隊員的 11 人中，有 10 人被淘汰出局，雙方交換攻守；

（5）防守一方所有隊員上場防守，其中一名隊員作為投手，一名作為守樁員；

（6）攻方由兩名隊員上場擊球，一名為主擊球員，負責擊球，取分，另一名為副擊球員，協助主擊球員跑動取分。

五、兩日賽的比賽形式和規則

除一日賽以外，還有一種兩日賽，它是介於一日賽和五日賽之間的一種比賽，比賽的規則使用正式的板球比賽規則。比賽分兩日進行，共打兩局，每局 60 個回合，每小時至少要進行 15 個回合。

第一日，先攻隊擊球員進攻，打 60 個回合，或者有 10 名隊員被淘汰，交換攻守。後攻隊，第一天最多進行 30 個回合。

第二日繼續進行比賽。60 個回合結束，或者有 10 名擊球員被淘汰出局。這是第一局結束。先攻隊開始第二局的比賽。

一般情況下，兩局的比賽在兩天內是不能進行完的。所以，兩日賽的比賽的勝負判定與一日賽有很大的不同。

（1）結束的比賽（隊員比較快地被淘汰出局），以得分的多少判定勝負。勝隊得 10 分，外加兩局的所有獎勵分。

（2）未能夠完成兩局比賽的判罰。以第一局結束時的

得分進行判斷，領先的隊伍可以獲得 5 分，外加兩局的所有獎勵分。

（3）平局的比賽雙方各得 5 分，另外加上兩局的所有獎勵分。

（4）因特殊原因未開始的比賽，雙方各得 2 分。

（5）獎勵分：進攻隊得分的第一個 150 分，可以獲得 1 分，以後的每 25 分，加 1 分，每局最多 5 分。防守方每淘汰對方兩名擊球員，可以獲得 1 分，最多可以獲得 5 分。

第二節　板球戰術概論

板球比賽時，隊長和球員能根據自己和對手的具體情況，有目的有意識地運用技術，就形成了戰術，所以戰術是以技術為基礎的，技術越高，就越能更好地完成戰術的要求。技術掌握得比較全面，戰術才能多樣化。

比賽場上，雙方球員除了比技術、比體力、比拼勁外，還要比戰術，哪一方戰術運用得好，就更容易取得主動和勝利，所以戰術是球員們在各種比賽中爭取贏球的重要手段之一。

一、戰術制定的基本原則

板球比賽當中的戰術，首先建立在一支板球隊的基礎上，建立在球隊的技術風格上，建立在每一個隊員的技術水準上。如果隊員不能很好地完成基本的技術動作，例如，投球準確性很低，沒有隊員能夠投出變化球。擊球時，不能很好地判斷來球的落點，以及應當採用的擊球技

術。防守時，不能合理地接球。接球後，傳球的準確性很低。那麼，比賽當中的戰術就無從談起。

一名板球教練員在組建和訓練一支板球隊時，一定要好好考慮，把這支隊伍帶成怎樣的隊伍，應具備什麼樣的思想作風和技術風格，奮鬥目標是什麼，怎樣提高全隊的水準，使它成為具有高風格、高水準、有實力的隊伍，是一支能攻善守的隊伍還是攻守兼備以攻為主的隊伍，等等。另外，我們要不要狠抓隊伍的思想作風，使它成為守紀律、有拼搏精神、富於榮譽感和責任感的隊伍？我們要不要狠抓傳接球基本技術，使球隊具備牢靠的技術基礎？我們要不要突出投球和擊球，建立實力強大的投手群和擊球手群？這些問題，都非常重要，都是帶有全局性和根本性的戰略問題。

具體講，一支板球隊中的每個隊員都應該可以投球、擊球和防守。經過不斷的訓練，從中選擇出 4～5 名比較優秀的投手，他們應該具有較強的力量、準確性和協調性以及領悟能力和組織能力。這中間有直線快速球投手和變化球投手。投手是一支隊伍中最為關鍵的一員，比賽當中很多戰術安排都是由投手確定的。

每個隊的所有隊員，應該重點練習擊球。每名隊員在比賽中都要上場擊球。擊球員上場的兩個主要任務是擊球跑分和保護好自己的樁門。贏球靠進攻擊球技術，保護自己的樁門需要防守擊球技術。這兩個環節均不容忽視。

防守是每個球員必須參與的，所以像傳接球這些基本技術，必須人人精通。再有就是要培養 1～2 名非常優秀的守樁員。比賽當中，很多的戰術調整是由他來實施的。一

般情況下，一支隊伍的隊長由投手或者守樁員來擔任。

戰術運用必須以我為主，要充分利用自己的長處去攻擊對方的弱點，並且要設法限制對方優點的發揮。教練員在比賽前要做好準備，不能打無準備的仗，要對敵我雙方的實力、技術強弱作出客觀可靠的評估。在此基礎上排出本隊的上場陣容，擊球順序，以及投手的投球順序。投多少快速球，多少變化球，場上可能出現什麼情況，如何去應變，就一場比賽來說，這是全局性的，十分重要的。教練員在臨戰前必須考慮，做到心中有數。

二、各種戰術的合理運用

板球比賽是一個漫長而又跌宕起伏的過程，在比賽當中，攻與守是一對矛盾，進攻方想盡辦法發現防守方的漏洞，而防守方要儘快找到進攻隊員的弱點，想辦法淘汰對手。

作為一個教練員，首先在思想上要重視對手，把所有的對手都當成強隊來看待，決不能掉以輕心。其次，從對手的教練員入手，一個教練員的技術能力、管理能力、訓練風格總會在他訓練的隊伍和運動員身上體現出來。這樣就能比較直接地瞭解對手球隊的技術風格和戰術習慣。

板球比賽不像其他運動項目的教練員在場邊大喊大叫，板球是一項紳士運動，教練員在場邊發現問題，不能大喊大叫，只能透過場地上的運動員轉告教練員的意圖。在本方為進攻方時，隊員離教練員很遠，教練員的想法和意圖就不能及時地傳達到運動員那裏。所以，板球比賽當中的戰術，有許多是隊員在場上自行解決的。由每個回合

後的短暫停頓，防守隊員可以在隊長的組織下，商討一下擊球員的弱點，找出對付對手的辦法，安排防守隊員的站位位置和注意事項。而進攻方的兩個擊球員，可以利用這個短暫的時間，商討一下對付投手的手段，是積極進攻，還是努力防守，尋找機會再發動進攻。

板球是一項相互抑制的比賽，所以，找到對手的弱點是最為關鍵的。具體對陣不同隊伍，如何去做，需要在臨場作出準確判斷和決定。

第三節　基本防守戰術

一、防守隊員的站位

板球比賽是全方位的比賽，場地非常大，而隊員人數又比較少，所以，比賽當中的防守是一項具有相當難度，而又相對乏味的事情，有一些場地上的關鍵防守位置尤其要引起注意。

其中，第一、第二接手是非常重要的位置，尤其是在本方投手是旋轉球投手時。在本方的投手實力比較強的時候，近距防守隊員比較重要。投手比較弱時，正面防守隊員、身後防守隊員和協防隊員的任務就比較重。（圖5-3-1）

上面的防守站位是普遍採用的。而我們現階段所採用的站位方式是不正確的。

這種站位比較平均，看似照顧到了全場的各個位置，實際上，防守隊員之間的空當非常大，利於進攻而不利於防守。（圖5-3-2）

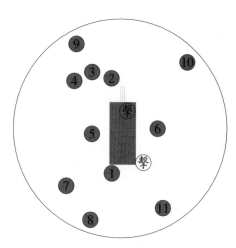

1＝投手　　　　5＝近距防守隊員1　　9＝身後防守隊員1

2＝守樁員　　　6＝近距防守隊員2　　10＝身後防守隊員2

3＝第一接手　　7＝正面防守隊員1　　11＝協防外場手

4＝第二接手　　8＝正面防守隊員2

圖 5-3-1　防守隊員的站位示意圖1

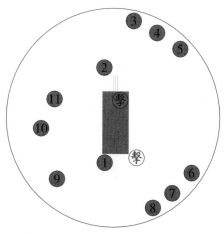

①　投手　②　守樁員　③——⑪　防守隊員　擊 擊球員

圖 5-3-2　防守隊員的站位示意圖2

二、投手的戰術運用

在板球比賽中，由於投手不能連續投兩個回合，所以每支隊伍需要一個投手群。投手的任務非常艱巨，作用非常巨大。他有兩個重要的任務：第一，他要用自己投球的速度或者各種變化球，儘快淘汰對方的擊球員；第二，由投球線路的長短變化或者速度變化，或者使擊球員不能利用自己擅長的技術擊球，控制對方的擊球員，使擊球員儘量少得分。

好的投手能夠抑制對手的進攻。可以說，投手的能力直接反映這支隊伍的防守水準，甚至是一支隊伍的綜合實力的體現。

投手戰術主要有幾種形式。

1. 直線快速球投手的使用

比賽開始的階段，由於使用新的板球，球體比較光滑，球的速度比較快，利於直線快速球的投手發揮。所以，在開始比賽時，一般情況下，由直線快速球投手開場先投。

2. 飄球投手的使用

經過一段時間的比賽，賽球會變得不再光滑，這時，投手經過對賽球的擦拭，使賽球的一面光滑，一面稍微粗糙。球在空中飄行時，兩面受到不同空氣阻力，球的兩面速度會不同。光滑面的位置不同，球產生的飄移也不同。這時，飄球投手會起到很好的作用。

3. 直線快速球投手和各種旋轉變化球投手 的交替使用

除比賽開始階段直線快速球的投手具有巨大優勢外，變化球的投手是比賽中的中堅力量。由於投手不可以連續投兩個回合，可以安排直線投手和變化球投手交替上場投球，給對手製造麻煩。

4. 慢球投手的使用

比賽當中，慢球投手的使用也是一種戰術手段，當進攻方的進攻能力比較強，比較適應快速球時，使用慢速球投手，令對方球員不適應，破壞其擊球節奏，會起到出奇制勝的效果。

5. 投球落點的變化

在比賽當中，一個投手投球時，經過一至兩個回合，擊球員就會適應投手的投球節奏，而投手的節奏一般情況下是固定的，輕易不會改變。所以，這時投手投球的不同落點的變化就尤為重要。可以變化投球的線路長短和左右的寬度，也可以變化投球的著地角度，使球彈起的位置有變化，給對手製造麻煩。（圖5-3-3）

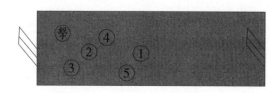

1、2的位置是線路長短的變化，3、4、5是落點的左右變化。

圖5-3-3　投球落點的變化示意圖

6. 直線快球和飄球的結合

直線快球和飄球的投球動作非常相近，只是在握持球的方法上稍有不同，即球員很難發現投手的細微變化，直線快球和飄球在一個回合內交替使用，會給擊球員造成判斷上的失誤，進而造成擊球失誤。

這是一種非常奏效的手段。

三、防守方的整體戰術

防守方的整體防守戰術沒有固定的模式。主要是在比賽當中，投手和守樁員經由觀察擊球員擊球的技術特點和擊球習慣，利用簡單的語言和簡單的暗號，確定投球的種類，是直線快球還是旋轉球，等等。由隊長，安排好投手的上場順序。

投手投球以前，結合自己將要投球的種類，預先判斷進攻隊員可能將球擊打到什麼方向和位置，調整場上防守隊員的站位。當然，這一切建立在投手的能力上。

再有，投手是防守方最關鍵的隊員，他的體能消耗也是最大的。所以，在防守時，一般將投手安排到球比較少的位置，以便投手在場上能夠得到及時的休息，恢復體力，便於發揮更大的作用。

第四節　基本進攻戰術

比賽中，擊球員上場擊球時，肩負兩方面的任務。第一個方面任務，是努力將對方投手投出的球擊打出去，而

且儘量將球打得越遠越好，爭取得 4 分和 6 分；如果不成，也爭取能夠在樁門間跑動得分。另一個方面任務，就是保護好自己的樁門，只有擊球員不被淘汰，才能有效擊球，取得分數，最後贏得勝利，尤其是在兩日賽和五日賽中。

一、主擊球員的戰術運用

在比賽場上，只有主擊球員才能擊球，擊球員要注意觀察防守隊員的站位情況，考慮投手的投球線路，決定自己將把球擊打到什麼方向，為自己贏得跑動的機會，所以擊球員的戰術大多圍繞主擊球員進行。

1. 主擊球員最為簡單的戰術就是主動進攻，用自己的擊打能力，摧毀對方投手的信心；

2. 在對方投手能力比較強時，採用防守技術，保護好自己的樁門，消耗對方投手的力量；

3. 在進攻過程中，採用強力擊球或輕打，甚至防守擊球相結合的方法，調動防守隊員，給自己創造機會，為本隊贏得勝利；

4. 主擊球員還要根據自己的觀察和設想，知會副擊球員配合自己，執行戰術意圖。

二、副擊球員的戰術運用

對於副擊球員來說，養成每個球都能向前偷跑的習慣是非常重要的。必須保持移動，在擊球員擊球前一刻跑出擊球線之前。

正確的偷跑能為副擊球員贏得一至兩碼的距離，而這

對於一次快速跑分是非常重要的。如果像木樁一樣穩穩地站在擊球線之內，就會導致丟掉一個短距離擊球得分或者被殺出局。

副擊球員必須認真觀察，在從自己的擊球線跑出來之前一定要確認是在投手投出球之後，因為一旦他離開了擊球線，投手是可以選擇在助跑過程中把球投向樁門來殺他出局的。

副擊球員也必須注意不能移動得太遠，不然一旦擊球員將球打回給投手，他就無法迅速回到自己的擊球線以內。如果投手或者其他場上球員在投手端以球觸樁，而副擊球員還沒有返回到他的擊球線以內，那他就被淘汰出局了。

副擊球員在投手助跑的過程中，只要投手的後腳落地，副擊球員就要向前跑動 2～4 步，同時觀察擊球員的擊球動作，看球是否被主擊球員擊出，這時，會出現以下幾種情況：

1. 如果球沒有擊出，副擊球員要迅速返回安全線，以免被防守方淘汰；

2. 如果球被擊出，一定要看擊出的方向和遠度，球距離樁門比較近，千萬不要跑，否則很容易淘汰。如果球擊出比較遠，則迅速在樁門間跑動取分。跑動過程中，注意觀察球的變化情況，是被防守方隊員截住了，還是穿過了防守隊員的防線，以決定自己是否跑動取得第二分。

3. 在主擊球員將球擊打成高飛球時，副擊球員一定要積極跑動，兩名隊員交換位置。因為一旦球被對方接住，擊球員將被淘汰，換位後，副擊球員就變成了主擊球員。

比起新上場的隊員，副擊球員對投手的適應能力要好一些，同時可以給新上場的擊球員一個短暫的時間，調整心態，適應場上的比賽節奏，便於更好地比賽。如果球未被接住，還可以多得一個跑分。

4. 副擊球員喊「不跑」一定要非常迅速，否則，如果喊得太晚，就有可能使喊「跑」的主擊球員跑出擊球線過遠，變得在樁門被打掉之前不能返回。

三、場上兩名擊球員的配合

比賽中，進攻方在場上只有兩名擊球員，所以，他們在場上的相互配合是非常重要的。雖然看起來場上只有兩名擊球員，顯得比較弱小，容易被對方控制或者淘汰。但是，只要兩名隊員相互之間能夠協同配合，就能轉換這種劣勢。因為，進攻永遠處於主動地位。兩名擊球員的相互配合，主要體現在樁門間跑動的時候。樁門間跑動主要有以下三個口令：「跑」「不跑」「等一等」。兩人之間配合是否默契，在這時就能充分地顯示出來。

一般情況下，一名隊員喊出「跑」，兩名擊球員都要迅速跑動，在樁門間取分。對兩名擊球員來說，第一次跑動都應該盡可能地快跑。然後應該迅速轉身，這樣他們才能在可能的情況下進行第二次跑動。這特別適用於當球打到外場，防守隊員沒有乾淨俐落地撿起球的時候，第二次跑動是很有可能的。

兩名隊員中的任何一人喊出「不跑」，就不要跑動，這是因為喊的隊員已經對球的情況作出了不利於己方的判斷。一次猶豫或不認真的起跑是擊球員很不好的表現。如

果這樣的遲疑不決迅速被你的隊友感到了，而他也不知道你打算做什麼，那麼就將出現不可原諒的錯誤——一個擊球員被困在兩個椿門中間或者是兩個擊球員待在了同一側椿門區。所以，只要任何一個擊球員感到跑到另一個椿門太危險了，就迅速地喊「不跑」。

如果隊員對於擊出球的變化情況不能作出正確的判斷，就要喊出「等一等」，這時兩名隊員要離開自己一側的安全線，同時觀察球的運行路線，看一看有沒有機會跑動。比賽中，發出口令的隊員，一定是能夠很好地觀察到球的運行路線的隊員。如果兩名隊員喊出的口令相互矛盾，那麼以安全為前提，隊員就不要跑動。

當場上出現隊員之間由於判斷失誤而在跑動中被淘汰時，兩名隊員中的擊球技術稍差的隊員，應當主動承擔被淘汰的命運，將技術比較優秀的隊員留在場上，為本方的進攻創造有利的條件。

還有很多種方法兩個擊球員之間可以互相協作。假設副擊球員看到擊出的球穿過了內場手，朝著主擊球員身後的邊界線飛去，那他就應該發出「跑」的指令。當他跑到場地中間和自己的搭檔相遇的時候，應該悄悄提醒搭檔說「只有一個」「可能兩個」「很可能三個」，或者用其他別的方式給擊球員一個暗示，他認為這一擊可以跑幾分。假設他們相遇的時候，副擊球員說了「可能兩個」，擊球員會明白，如果他到了投手的那一端很快轉回的話，可能就有第二次得分的機會。因此，他應該在跑到擊球線後迅速轉身，馬上開始往回跑。

當副擊球員到達擊球員的那一端的時候，他將處於判

斷這一擊是否值得再跑一分的境地。觀察一下內場手和球，如果他覺得值得跑，讓擊球員開始跑第二次；如果覺得不值得，那麼就應該馬上通知同伴跑分有危險，一定要馬上喊「不跑」，使得同伴停留在投手那一端。無論球飛到球場上的任何一個地方，擊球員們在中間相遇的時候總是可以由指導性的喊話互相提醒。

對於任何一名擊球員來說，轉身看身後的球沒有必要。這種情況下，提醒他的應該是自己的同伴。球正在空中的時候，同伴正在朝著受到威脅的樁門跑，並且同伴的位置更適合判斷是不是有可能進行跑分。

還有許多其他考慮因素。

例如，擊球員要學會判斷出哪一些防守隊員能扔得遠且準，而且正確地判斷出哪一些防守隊員不能擲出高水準的球。當球在一個 30 公尺遠的差防守隊員手裏要比球在一個 50 公尺遠的好防守隊員手裏安全得多。

由於不可能所有隊員都能跑得快，所以要額外考慮同伴的跑動速度。不要在跑兩三個來回過程中幾乎超過他，因為這會使跑得慢的同伴難堪。這樣的行為可能導致你的隊友無法集中注意力，而且更重要的是，這可能導致球隊的失利。

不管如何，始終要記住，在樁門有兩個擊球員。不僅你這邊的樁門需要保護，你的搭檔的樁門同樣需要。你的搭檔甚至可能是一個更好的擊球員，在這種情況下，為了全隊著想，如果有必要，你可能需要犧牲自己而不是犧牲搭檔。

四、擊球員的信念和身體準備

1. 要有獲勝的信念：在每局比賽開始前，擊球員要稍微緊張起來，注意力集中在自己和整隊的目標上，充滿自信，保護好椿門。

2. 認真對待每一次擊球：擊球前，要像老鷹的眼睛一樣緊緊盯住投手投出來的每一個球。

3. 適當採用保守技術：剛上場時，對於直奔椿門投過來的球和身後球應多採用防守技術。

4. 身體積極移動：頭和身體可以向著投手的方向微微前移。

5. 學會休息：在兩次擊球間，做幾次深呼吸，獲得身體放鬆。

6. 良好的體適能：保持良好的身體力量、耐力、速度和身體成分等體適能。

7. 養成好習慣：養成自己良好的擊球習慣，如盡可能擊地滾球，至少可以防止被接殺出局。

8. 保持自信和積極的心態：盡可能地多得分，如果隊伍需要，盡可能長時間地保住自己的椿門和領地。

第六章

板球基本規則與裁判法

第一節　板球基本規則

　　為了更好地瞭解板球運動，每個從事板球運動的人都需要對板球比賽規則有所瞭解。板球規則是由世界最著名的板球俱樂部——馬利邦板球俱樂部（MCC）在兩百多年前制定的，並一直在不斷地進行修訂。板球規則共有 42 條，其中一些條款相當複雜詳細，是用來說明不會經常遇到的特殊情形。

　　以下介紹的有關內容是板球比賽中常用的規則。

規則 1　球員

重申隊長對隊員的行為道德負有全面責任。

規則 16　比賽開始、中斷比賽

　　站在投手一方的裁判員在開賽、中場休息或任何暫停後須宣佈比賽開始。

　　站在投手一方的裁判員須在任何暫停、中斷之前或比賽結束時宣佈比賽停止。

規則 18　得分

計分

得分將由以下情況來決定：

(a) 比賽期間擊球員每次交叉來回跑向對方的範圍；

(b) 邊界得分；

(c) 罰分（無效球、寬球等）；

(d) 失球（球在場上丟失）。

　　根據規則，有些情況不允許得分，最常見的是有些球員故意使用 Leg Bye 去得分，但是並沒有真正努力去擊球（假裝擺出擊球的姿勢）。

　　擊球員有時會出現未跑到位的情況，但繼續完成跑動得分。如果擊球員在一次交叉跑動時跑動幾個來回，其中的一個沒有到位且被裁判員發現將不能得分。裁判員必須觀察擊球員的球板是否碰到範圍區邊線以決定能不能繼續跑動得分，這樣才能防止擊球員出現未跑到位的情況。這種情況並不常見。

　　當擊球員被淘汰後任何罰分仍有效（無效球、寬球）。在有些情況下淘汰前的跑動仍可得分。

規則 19　邊界線

球碰到邊界線得 4 分。球在空中越過邊界線得 6 分。

邊界線可以用多種材料標明（柵欄、旗幟、線條等）。

邊界線是任何線條或柵欄底部的前緣。

在比賽前經過各方的一致同意確認邊界線的標記。

如果場地接球員在空中接球時碰到邊界線得 6 分，如

果接球員在地上撿球時碰到邊界線得 4 分。

過度扔球有時會出現。如果球被防守隊員扔回來碰到邊界線，但是未打到樁門，擊球員不但可以得到原先的分，而且可以加分。

規則 20　失　球

如果球在比賽場上丟失，計分以擊球方的跑動情況來判斷，得分可超過 6 分，視現場情況而定。這種情況很少發生。

規則 21　比賽結果

裁判員對得分的正確與否負有責任。在任何情況下保證計分員計算正確。如果比賽結束離場時覺得比分有錯誤：

(a) 如果仍然還有時間繼續比賽或應投回合數仍未完成，繼續該場比賽直到比賽結束達到一個公平的結果，除非一方自動放棄；

(b) 如果沒有剩餘時間和回合數，做出調整並通知雙方隊長調整後的結果。

規則 22　回　合

每一個回合包括 6 個有效投球，輪流從兩邊的樁門投出。無效球、寬球、死球不算有效投球，也不能算在 6 個有效投球之內。如果裁判員錯誤計算球數，宣佈回合結束，該決定有效。

投球手不能連續投兩個回合（或部分參與第二個回合）。

如果投球手因為受傷或被罰下場，他的回合必須由其他人完成。

規則 23　死　球

重要的一點是知道什麼情況下死球出現，下面是一些關於什麼是自動死球，什麼是裁判員判定的死球的說明。

球自動變成死球：

(a) 回到投球手或樁門守門員；

(b) 邊界得分；

(c) 擊球員被淘汰；

(d) 球被卡在擊球員與球板之間，或卡在擊球員的衣服上；

(e) 球彈入擊球員或裁判員的衣服或器械；

(f) 球彈入場上接球員的頭盔；

(g) 球被違規地接到或擊到防守隊員放在地上的頭盔；

(h) 罰分出現；

(i) 裁判員喊失球；

(j) 裁判員宣佈回合結束或時間到了。

站在投球手一方的裁判員認為死球時，接球員及防守隊員已經不將該球作為有效球繼續進行比賽。

每一個裁判員均可宣佈死球：

(a) 出現不公平比賽；

(b) 球員或裁判員嚴重受傷；

(c) 當裁判員為諮詢離開其位置；

(d) 擊球員在有機會擊球前小橫木從樁門上掉下來；

(e) 有足夠的理由相信擊球員還沒有準備好擊球；

(f) 擊球員在開始前被雜音或其他事件干擾；

(g) 投球手在投球前失手將球失落；

(h) 在任何情況下球沒有離開投球手的手；

(i) 根據其他規則作出的裁決。

沒有投出的球不能算做一個回合中的有效球。

當投球員開始他的投球跑動或開始投球動作，球就會被視為在比賽中而非死球。

規則 24　無效球

無效球可以在幾種情況下被宣佈，包括不正確投球、防守位置違規、現場接球員越位、帶有傷害性的投球。

最常見的無效球是投球員在投球過程中腳越位：

後足：投球手的後足必須著地及不可觸及；

前足：投球手的部分前足不論是懸空或是著地，必須著地在擊球線後。

投球模式：

投手必須通知裁判員他是用右手或左手投球，是越過還是繞過樁門，並讓裁判員通知擊球員。如果投球手更換投球模式沒有通知裁判員，裁判員會宣佈無效球及指示為無效球。

任何下手式投球是不允許的，除非比賽前有特別協議。

其他許多無效球的宣佈需要裁判員對板球比賽及規則有全面的瞭解，但這不常出現。

被無效球淘汰：

在四種情況下可以被無效球淘汰：跑動中出局、干擾防守隊員、用手抓球、連續擊球兩次。在這四種情況中，

跑動出局是最常出現的,其他三種很少發生。

● 無論在什麼情況下每出現一次無效球,擊球方加一分;

● 無效球優先於寬球;

● 當球被宣佈為無效球時,球並未為死球;

● 無效球不計入投球回合數目。

規則 25 寬 球

寬球的裁決取決於裁判員的判斷,當球的路線寬於擊球員的正常擊球位置,擊球員在正常情況下用球板揮擊不到球,可視為寬球。

擊球員不可以用移動將賽球引至寬於其擊球位置的假像來創造出一個寬球。

在比賽中保持堅定的信念,當比賽開始後不要改變自己的信念。

當球被擊球員擊中或碰到擊球員的身體任何部位或服裝器械,裁判員不可判定為寬球。

等待球越過擊球員的樁門後再宣佈寬球。

寬球下的出局:

五種情況下可視為寬球下的出局:樁門被守樁員擊落、跑動出局、干擾場上防守隊員、用手抓球、擊中樁門。最常見的是樁門被守樁員擊落和跑動出局,其他幾種很少出現。

不論什麼情況下,寬球出現,擊球方得分。

當宣佈為寬球時球不算是死球。

寬球不計入回合內的球。

規則 26　Bye 及 Leg Bye

Byes

如果球越過擊球員並未碰到其球板或身體，而球又非死球或寬球時，任何得分須以 Bye 計算入攻方的分數內。

Leg Byes

如果球沒有碰到球板而且擊球員嘗試用其球板擊球並嘗試避免被球碰到，裁判員可以 Leg Byes 給分，但如果裁判員認為該球是無效球就不能算作 Leg Byes，不過可以以無效球得分。

如果擊球員沒有任何嘗試去擊球或避免被球碰到，不可以判為 Leg byes。

規則 27　上　訴

如果不上訴裁判員不會給予任何決定，淘汰（食指向上）或者說不淘汰。

根據規則，如果擊球員認為自己被淘汰，可以自動離場。

規則 30　被投球殺出局

如果擊球員的椿門被投出的球擊中，小橫木掉下，擊球員被殺出局，無效球除外。

如果擊球員被投球殺出局，無論其他出局的理由是否出現，被投球殺出局為優先。

規則 32　被接殺出局

如果不是無效球,當投手投出的球先接觸球板,然後在著地之前被守方接住,擊球員便被接殺出局。

除了被投球殺出局以外,接殺出局優先於其他出局。

當場地接球員有效地控制自己的接球動作和球按有效接判球。

我們建議場地接球員在完成接球動作時應處在邊界線內的位置(不要碰到邊界線、邊界繩或欄杆)。

規則 35　自擊椿門

擊球員在擊球時不幸以板或身體碰到椿門,則擊球員被視為擊中椿門出局;或擊球後立即起跑跑第一分時碰到椿門,不管有沒有擊到球視為出局。

規則 36　Leg Before Wicket-LBW

擊球員可以被判出局,如果被球碰到腿或身體其他部位,並且該球不能是無效球,

及:球不能落在腿椿(靠近擊球員的腳最近的一個椿柱)

外邊球沒有先碰到球板

球明顯地會撞到椿門

只有當你確認符合規則的情況下才判定 LBW

認真仔細作出判定,當牽涉到 LBW 時,不要輕易作出決定。

總的來說,當擊球員邁大步擊球時腿被球碰到,距離

越遠被判為 LBW 的可能性越小，因為球擊中椿門的可能性因距離的因素變得越小，所以不判出局。

規則 38 　跑分時被判出局

當擊球員和副擊球員跑動後沒能及時回到自己的位置而椿門被擊中時，他們都有可能被判出局。

距離被擊中的椿門最近的一個擊球員將是被淘汰的擊球員。

在被跑分時殺出局前所得的分數仍然有效（無效球、寬球或者跑動得分）。

規則 39 　椿門被守椿員擊落

如果球並非無效球而擊球員已跑出自己的位置及椿門，在沒有其他防守隊員的協助下被守椿員擊落，擊球員可能被淘汰。

如果擊球員嘗試著去跑動得分，該出局應視為跑分，是被判出局而不是椿門被守椿員擊落。

守椿員在做擊落椿門的動作時球必須是在手中。

規則 40 　守椿員

守椿員是場上唯一可以佩戴護腿和手套的防守隊隊員。

守椿員必須等在椿門的後面，直到擊球員開始擊球後，除非球擊到擊球員，或擊球員嘗試跑動得分。

守椿員可以佩戴頭盔。

規則 41　外場防守隊員

防守隊員不允許佩戴手套和護腿，但是可以戴頭盔。

防守隊員的頭盔可以佩戴或放在守樁員身後的場地上。

接球員必須佩戴自己的頭盔，不戴時必須拿在手上。

規則 42　公平及不公平比賽

判斷公平及不公平比賽和帶有危險性的行為的規則比較複雜，牽涉到許多情況和特殊因素。裁判員是唯一可以裁決是否公平和危險的人。

裁判員認為在比賽中出現了某些情況是不公平的，則應認為是不公平的。

第二節　裁判員職責及裁判法

一、裁判員的基本素質

板球裁判員是板球比賽中所有判罰的最終決定者，因此任何由裁判員作出的決定都必須體現公平、公正的精神。為了達到這一目的，裁判員除了要加強自身的業務學習，熟練掌握板球規則之外，還需要有較好的身體和心理素質，以及具備一些良好的行為能力。

1.注意力

板球比賽的時間不同於其他運動項目，它的比賽時間

長，國際板球一日賽的比賽總時間一般都在 7～8 小時。裁判員必須在比賽開始到結束一直保持良好的注意力，比賽中任何不經意的注意力分散或降低可能會導致比賽中判罰結果的不正確性，以致影響整個比賽結果。

比賽中運動員對於裁判員的判罰與隊友的失誤相較而言更不容易接受，尤其是裁判員因為注意力不夠集中所導致的錯誤判罰。

2. 良好的視力水準

視力水準的好壞是決定裁判員對發生情況充分瞭解的關鍵因素，良好的視力是板球裁判員必備的基本條件之一，裁判員必須能洞察一切比賽中發生的任何情況，一個不具備良好視力的裁判員所做出的判罰往往會遭到比賽隊員的質疑和不尊重。

3. 良好的聽力水準

比賽中裁判員主要由眼睛瞭解比賽的進展和發生，但優秀的裁判員有時能借助自身良好的聽覺對自己的判罰起到輔助的作用。聽力和視覺的相互輔助往往能給裁判員判罰的準確性提供更強大的支撐作用。

4. 體　能

板球比賽對於裁判員的身體素質要求雖然不像足球等比賽項目的高，但它對於裁判員的身體體能有著獨特的要求。比賽中裁判員需要長時間的站立、不間斷地移動、快速地改變判罰位置等，這就要求裁判員的體能必須符合板球比賽的

特點。

比賽中裁判員站位不當造成判罰的失誤往往會使隊員減少對裁判員的信任，給裁判員的執法工作帶來困難。

5. 意志力

板球比賽中裁判員時刻要對防守隊員的上訴進行回應，隨時隨地面對運動員的施壓和感受觀眾的高度關注，因此，裁判員必須能自信、果敢地面對一切。

對於比賽中每一個判罰都要讓運動員和觀眾感受到裁判員判罰的自信心和勇於承擔一切的勇氣，尤其是對於一個必須給出的判罰，即使是不太確定時，裁判員應果斷地像其他判罰一樣表現出判罰的正確性。

6. 幽默感

板球是一項特殊的運動，它除了競技的性質外，還具有發展和協調人與人之間關係的作用，因此，裁判員在場上除了按照規則執法比賽外，還要能夠在各種突發場合下協調運動員之間的緊張氛圍和自身緊張感。

7. 果斷和人性化

板球是一項紳士運動，不光是雙方運動員在比賽中時刻體現出文明禮儀，作為比賽的引導者，裁判員也要在比賽中體現出良好的禮儀習慣，同時也要對判罰的態度表現出堅定和果斷，但不能讓運動員感到判罰的專制性，這樣才能獲得運動員的尊重，從而保證比賽的有序進行。

8. 判斷力

板球裁判員的判斷力是所有素質中極為重要的一項，在比賽中對於瞬間發生的守樁員砸樁或者是跑分淘汰的判罰對於裁判員來說是沒法由掌握理論知識能夠解決的，只有由大量的實踐執法，積累更多的經驗，才能增加關鍵判罰的判斷力。

9. 一致性

比賽中，裁判員是判罰的最終決定者，因此，比賽中所有參賽運動員對於裁判員的每一個判罰都會銘記於心，一旦裁判員對同一種比賽情況出現不同判罰的時候，運動員就會對裁判員的判罰產生疑惑，導致對裁判員的尊重降低，同時也違背了板球精神。

10. 平穩的心態

剛開始從事板球裁判員工作時相對比較容易，但是，隨著所執法的比賽層次的提高，一些裁判員往往對於突發的或是平時較少出現的情況，或是由於比賽中各種壓力的影響而感到慌亂，難以進行清晰而正確的判罰。

優秀的裁判員面對此類情況會始終保持平穩的心態，能夠很好地控制自己的情緒，從而做出正確的判罰。

11. 良好的人際關係能力

比賽中不同運動員會對裁判員的所有行為有著不同的看法，為了更好地掌握和引導比賽按照板球規則正常進

行，裁判員對於運動員的提問應當給予適時的回答，並能夠和所有運動員建立良好的人際關係，有利於裁判員在運動員中樹立起既能承擔責任，又能解決問題的合格大法官的形象，有助於裁判員判罰的無爭議性。

12. 自信心

一名板球裁判員必須時刻在比賽中體現出強大的自信心，能對自己的一切判罰富有強烈的責任感，對於激烈比賽中所發生的任何情況進行判罰都不能有所猶豫或遲疑，防止運動員利用裁判員缺乏自信的弱點混淆正確的判罰決定。

13. 肢體語言

在板球比賽中，裁判員的所有判罰都是由肢體動作體現出來的，是裁判員向他人顯示判罰的自信心和能夠承擔比賽執法工作的唯一方式。

裁判員的肢體語言應該讓比賽中的運動員感受到判罰的權威性和正確性。裁判員不需要向所有運動員對判罰的結果進行解釋，只要由判罰的手勢或肢體動作就能表現出裁判員的職責和權威。

14. 規則的通透性

板球比賽中，所有的判罰都是由裁判員給出的，其他任何人不能改變裁判員的判罰結果，因此，裁判員自身必須對板球規則有著比其他人更清楚和深入的理解，對每一條規則都能做到熟練掌握並給出正確的解釋，這樣才能保

證比賽中其他人對裁判員判罰結果的認同，保證裁判員比賽中的權威性及公平、公正的良好形象，體現板球精神。甚至在低級別的比賽中，裁判員也必須熟練掌握規則，這樣能從中對板球規則作更為細緻和全面的瞭解。

二、裁判員的基本裝備

板球比賽中裁判員的穿著對於裁判員的工作有著重要的影響，一名穿著隨意的裁判員往往在比賽中給運動員的第一印象是不夠莊重，從而得不到雙方運動員的認可和尊重，不利於裁判員在比賽中的判罰。相反，穿著正規的裁判員在比賽開始就能獲得運動員的尊重和初步認可，對以後比賽判罰的認同有一定促進作用。

一般來說，裁判員下身為黑或深藍色長褲，上身為白色長襯衫，頭戴白色的有邊緣的帽子，腳穿白色為主的運動休閒鞋。除此之外，裁判員還必須攜帶一些比賽中所要用到的器材和工具。

（1）比賽用球：在比賽開始之前比賽用球由裁判員保管。

（2）舊球：在比賽中一旦球出現損壞或丟失，可由裁判員決定挑選相近球進行比賽。

（3）小橫木：裁判員可預備一副小橫木，防止比賽場地人員沒有準備。

（4）記錄卡：比賽中用於記錄每一個回合數和淘汰人數。

（5）投手標記：用於投手對助跑的距離進行標示。

（6）手錶：用於對比賽進行時間的檢查。

（7）筆和記錄本：對比賽中發生的情況進行記錄，保證比賽的正確性。

（8）計數器：用於記錄投手每一個投球的情況，確保每回合有效投球數。

（9）小刀或剪刀：用於比賽中對一些突出物的修剪，如球因摩擦後邊緣的突出等。

（10）板球競賽規則或競賽規程：裁判員可在比賽開始後放在場地外，以便突發情況下的使用。

三、裁判員的職責配合

一場板球比賽由兩名執場裁判員和兩名記分員共同進行執法工作，執場裁判員主要是指兩名在比賽場地中進行判罰並引導比賽按規則要求進行的裁判員。

比賽中，兩名裁判員每一個投球回合結束後輪流擔任投手方裁判員和擊球方裁判員。一場比賽的順利進行不光要求裁判員依據板球競賽規則進行執法判罰，同時也取決於兩名執法裁判員之間的職責配合的默契性、準確性。

執法裁判員的配合可以分為以下幾個方面。

1. 比賽前至開賽前五分鐘

裁判員根據賽事的時間安排，於開賽前至少提前半小時到達比賽場地，向比賽監督和場地監督報到，並做好以下工作：

（1）確認比賽場地的各條場地線的正確性和完整性；

（2）檢查場地的邊界線以及掌握周邊環境；

（3）檢查場地上方的凸出物（如凸出的樹枝等），以

便確定球出界情況；

（4）檢查場地裏各種客觀存在的障礙物，以便確定比賽中觸及後的判罰；

（5）檢查遮光板的位置，確保其位於場地邊界線的外面；

（6）確認雙方球隊的比賽名單，以及球隊進行擲幣至少離比賽開始不短於 15 分鐘；

（7）離比賽 5 分鐘時，通知雙方隊員離開比賽場地，停止練習。

2. 擲幣前與記分員的溝通

（1）確定比賽中的時間

① 每一局的時間及兩局之間的間歇時間；

② 飲水的間歇時間；

③ 最後 1 小時比賽開始時間及信號；

④ 所有人員使用手錶和鬧鐘時刻的一致性。

（2）掌握比賽的條件

① 當地的風俗習慣；

② 比賽的邊界線；

③ 競賽規程要求；

④ 每個回合的有效投球數；

⑤ 比賽中新球的數量；

⑥ 得分及回合數的告知；

⑦ 記分員回饋信號；

⑧ 記分員的位置；

⑨ 擲幣的結果；

⑩ 其他的相關事項。

3. 比賽中裁判員的配合

（1）投手方裁判員的基本職責

① 比賽開始或重新開始時喊「開始」示意比賽進行；

② 計算每一個回合的有效球，並在結束時喊「回合結束」；

③ 比賽時間的最後 1 小時示意通知記分員；

④ 間歇開始或比賽完成時喊「時間到」示意比賽結束；

⑤ 在比賽中出現無效球、寬球、短跑、死球時喊出判罰並給出判罰手勢；

⑥ 在比賽中出現 bye、leg byes、球出界、擊球員淘汰給出判罰手勢；

⑦ 對於投殺、接殺、LBW、自擊樁門、手觸球、超時、阻礙防守以及擊打兩次球淘汰出局的上訴進行回應。

（2）擊球方裁判員的基本職責

① 計算每一個回合的有效球，並在結束前給投手方裁判員信號以便其確認；

② 在比賽中出現無效球、死球、自擊樁門時喊出判罰並給出判罰手勢；

③ 與記分員進行溝通確認得分正確性；

④ 隨時為投手方裁判員提供協助；

⑤ 對於自擊樁門、守樁員砸樁及運動員觸樁淘汰出局的上訴進行回應。

4. 比賽中的間歇

（1）投手方裁判員喊「時間到」後，執場裁判員將兩椿門的小橫木移走；

（2）同時，在比賽重新開始時擔任投手方的裁判員保管賽球；

（3）所有裁判員記錄投手所剩的有效投球數，最後投手的姓名，重新開始比賽時投手的位置，擊球員的姓名及正確位置和比賽停止的時間；

（4）兩名裁判員一同對擊球隊所要求的球道壓平進行監督；

（5）比賽重新開始後，確認投手和擊球員的正確位置，以及投手是否正確。

5. 比賽中裁判員的位置要求

（1）裁判員的站位應當保證其對比賽觀察的精確性，以便達到判罰的正確性；

（2）投手方裁判員應站於距椿門 1.5～2 公尺的正後方以便於：

① 由輕微的頭部轉動觀察投手的投球步；

② 關注球飛向擊球員的路線；

③ 觀察球與擊球員之間發生的情況；

④ 在球處於比賽時，移動位置到椿門的側面，以便判罰跑分淘汰。

（3）擊球方裁判員應站於擊球手的身後距椿門側面 20～25 公尺距離，也可以在以下情況調整到擊球手的正前

方：

① 太陽光刺眼或造成擊球線的反光不利於判罰；

② 場地的原因造成擊球線的模糊；

③ 投手的動作需要從另一個角度進行觀察；

④ 需要更好地觀察擊球員身後防守運動員的情況；

⑤ 防守運動員阻擋了裁判員觀察視線；

⑥ 在擊球員帶有跑手的情況下必須進行移動。

第三節　記分員職責及記分表格填寫

一、記分員的職責

板球比賽中，除了兩名執法裁判員外，還有兩名記分員，他們的主要職責是將比賽中雙方球隊所得的分數或裁判員的判罰記入到比賽記分表中，同時確保記分牌的記分情況與記分表的情況一致，能客觀、及時體現比賽的進程和結果。

板球記分員的基本職責可分為以下幾方面。

1. 接收判罰信號

記分員主要根據裁判員的判罰手勢進行記分，對於比賽中裁判員的判罰如果存在疑義也必須按照裁判員的判罰進行記分，但可在賽後或下一比賽之前與裁判員進行討論。

如果對於比賽中球員淘汰的方式不明確時，應在間歇

的第一時間或比賽結束後與裁判員進行核對；如在比賽中對於擊球員跑動得分的情況不清楚，必須立即在第一時間與裁判員進行核對，保證記分牌比賽分數顯示的正確性。

2. 回復判罰信號

裁判員在比賽中每一個手勢信號必須得到記分員的回復才能重新開始比賽，記分員在比賽中要對裁判員的手勢信號十分清楚，裁判員必須在比賽成死球時給出判罰的手勢。有時裁判員給出判罰手勢不一定是在死球情況下，如無效球或寬球，這時，記分員應當瞭解比賽仍在繼續當中，對於裁判員的信號可不進行回復和記錄，在比賽死球後根據裁判員的所有手勢進行逐一的回復信號。

3. 記錄比賽情況

板球比賽中，記分員是將比賽中所發生的情況逐一記入到記分表中，根據規則要求，記分員應主要對雙方球隊的得分、淘汰的人數、比賽的回合數進行記錄，但記分員還應根據記分表的實際要求將一些其他的細節進行記錄，以便符合比賽競賽規程的要求。

4. 核對記分情況

比賽中，記分員要不間斷地對比賽的記錄情況與裁判員一起進行核查，這樣才能確保比賽進程的準確性和正常性。在每一個回合結束後，兩名記分員必須相互對比賽的總得分，該回合所出現的情況進行逐一核對。

同時，在以下情況下，記分員應與裁判員一起核查比賽

結果的正確性：

 （1）間歇時間時；

 （2）比賽中斷時；

 （3）一局比賽結束時；

 （4）整場比賽結束時；

 （5）其他任何可能情況下。

二、記分表格的填寫

  記分表格是比賽的最終體現方式，它不僅僅反映比賽的結果，也體現了比賽中裁判員判罰的每一種情況，對於裁判員的手勢信號記分員有著獨特的記分方式：

發生情況	有效球	無效球	寬球
沒有得分	●		
擊球員跑動得分	1 或 2		
裁判員判罰無效或寬球，但沒有跑動得分		0	+
裁判員判罰無效或寬球，跑動得分		①或②	$+^1$ 或 $+^2$
裁判員判罰 bye	1△ 或 2△		
裁判員判罰 leg bye	1▽ 或 2▽		
裁判員判罰淘汰	X	OX	+X
裁判員判罰 4 分界外球	4	④	$+^4$
裁員判罰 6 分界外球	6	⑥	$+^6$

第四節　裁判員常用術語及手勢

板球比賽中裁判員是透過判罰術語和手勢來控制比賽的，只有熟練掌握術語和手勢，才能引導比賽的正確進行。以下是裁判員常用的術語和手勢。

一、比賽中使用的術語及手勢

比賽開始或重新開始（play）。

投球開始前通知擊球員投球的方式：

右手左側（right-over the wicket）——右手單臂上舉站於樁門左側；

右手右側（right-round the wicket）——右手單臂上舉站於樁門右側；

左手右側（left-over the wicket）——左手單臂上舉站於樁門右側；

左手左側（left-round the wicket）——左手單臂上舉站於樁門左側；

比賽進行時的手勢：

寬球（wide ball）——兩手臂分別以水平線向橫向伸展。（圖 6-4-1）

無效球（no ball）——一手以水平線向橫向伸展。（圖 6-4-2）

死球（dead ball）——雙手手腕在腰以下打交叉。（圖 6-4-3）

出局（out）——伸出食指高舉過頭部（如果非出局時

6-4-1 寬　球

圖6-4-2　無效球

圖6-4-3　死　球

圖6-4-4　出　局

裁判員會宣佈非出局）。（圖6-4-4）

當球為死球時，除了出局的手勢外，以上的手勢都必須向記分員重複再做一次。

比賽中斷和結束（time）。

二、單獨向記分員展示的術語及手勢

裁判員必須等記分員確認每一項手勢後，才令比賽繼續進行，當球為死球時，下列的手勢則只須單獨向記分員展示：

邊界線4分（boundary 4）——一單手伸前，來回由左至右擺動，至完成動作時，手橫放胸前。（圖6-4-5）

分界線6分（boundary 6）——舉起雙臂過頭部。（圖6-4-6）

圖6-4-5　邊界線4分　　　　圖6-4-6　邊界線6分

Bye——舉起張開的一隻手過頭。（圖 6-4-7）

Leg bye——用手觸碰抬起的膝蓋。（圖 6-4-8）

新球（new ball）——用手持球並舉過頭部。（圖 6-4-9）

最後 1 小時（last hour）——用一隻手指向另一舉起的手腕。（圖 6-4-10）

給攻方加 5 分（penalty 5 award batting side）——用手重複輕拍另一肩膀。（圖 6-4-11）

給防守方加 5 分（penatlt 5 arward fielding side）——用手放於另一肩膀上。（圖 6-4-12）

圖 6-4-7　Bye

圖 6-4-8　Leg bye

圖6-4-9 新 球

圖6-4-10 最後1小時

圖6-4-11 給攻方加5分

圖6-4-12 給防守方加5分

短跑分（short run）——屈前臂並以手指尖觸碰肩膀。（圖6-4-13）

撤銷判罰（revoke last descion）——用雙手交叉觸碰雙肩膀。（圖6-4-14）

圖6-4-13　短跑分　　　　圖6-4-14　撤銷判罰

第七章

板球教學安全防範
和醫務監督

第一節　板球教學安全防範

一、板球教學安全防範的重要性

板球運動會使學生的速度、耐力、反應、協調、靈敏等各項身體素質得到鍛鍊和提高，培養團隊意識、拼搏精神，可以對學生的身體形態、生理、心理等產生一系列良好的適應性變化，對健康產生積極的影響，對學生的成長有著重要意義。另一方面，板球運動也可能會造成某些運動損傷。因此，安全是板球教學中非常重要的一部分，它是促進板球教學工作順利進行，實現板球運動發展的前提和保證。在從事板球運動中，教師、教練員和學生要養成良好的安全意識，建立妥善的安全保障，在促進身體健康的同時，防範運動傷害和運動損傷。板球運動在中國初期發展階段時期，安全防範顯得尤其重要。

板球屬於戶外運動，由於項目特點，自身有一定的危險性。運動員使用球板擊球，擊出去的球可能會對其他人

的安全構成威脅；投手投出的球可能會直接擊中擊球員，球速較快時，如果擊球員沒有穿戴防護裝備，就會造成傷害；此外，防守隊員在快速跑動中，也可能會出現摔倒、碰撞等意外，造成運動損傷。

板球也是一項在較熱的環境裏進行的中到高強度的活動，持續時間也較長，容易引起運動員中暑、脫水、暈厥等運動性疾病。因此，作為板球教師和教練，在板球教學中一定要時刻注意板球教學的安全防範問題。

板球教學中可能會出現的運動傷害有以下幾種：

1. 投快球直接擊中或反彈後擊中擊球員的頭部或胸部；

2. 擊球員擊出的球擊中其他人；

3. 揮擊球板時觸碰到其他人；

4. 接高空球跑動時與他人相撞；

5. 椿門間跑動時與防守隊員相撞；

6. 防守隊員摔倒；

7. 場地設施傷害學生；

8. 天氣過熱時出現中暑；

9. 天氣過冷時出現凍傷；

10. 學生體質較弱出現各種生理不適症狀。

二、板球教學安全防範措施

板球教學安全防範措施主要包括以下三個部分。

(一)安全教育

1. 嚴格考勤制度，遲到、早退者必須向教師說明，有

事缺勤者提前跟老師請假；

2. 強調學生必須按教師的組織和安排從事體育教學活動，不可擅自從事有危險性的運動；

3. 合理使用體育設備、器材，不得非法和破壞性使用；

4. 運動服裝合適、舒適，符合專項運動特點；

5. 需要佩戴防護器具的運動項目，學生必須按要求佩戴好；

6. 注意運動場地的變化，防止滑倒、摔倒和碰撞；

7. 教師在每學期上課前詢問本班學生的既往病史，學生應真實告訴教師，不得隱瞞病情；

8. 學生根據自己當天的體力情況和健康狀況，可向教師說明，適當調整運動量；

9. 如果身體感覺不適或有傷病者，及時向教師報告，教師根據情況進行特殊對待；

10. 出現運動損傷或意外，學生應聽從教師統一指揮，採取緊急救治。

(二)場地器材的安全防範

1. 教學前檢查各項安全措施，確保運動場地安全和措施到位；

2. 上課前務必向學生宣佈安全注意事項和規定，如持球板擊球時要遠離他人；

3. 合理地安排教學內容；

4. 儘量使用場地標記，讓學生在運動時可清楚地知道場地的範圍；

5. 根據場地大小安排適當的運動內容,如有危險,換為其他內容練習;

6. 保證擊球員擊球時其他球員的安全;

7. 根據學生運動技能和身體素質合理搭配;

8. 教師監督整個課程的進行,及時做出調整以減少危險;

9. 教學時要適當地使用防護措施;

10. 教師判斷學生的受傷或疾病是否適於繼續運動,如有潛在危險則不允許他們參加運動。

(三)教師對學生的安全監督

1. 教師在課的開始前和進行中,注意觀察學生的某些外部表現,如面色、神情、動作和出汗量等,以判斷其身體狀態和疲勞程度等,並根據情況隨時調整學生運動量、運動負荷;

2. 充分做好準備活動,天氣寒冷時適當延長準備活動時間,增加準備活動內容;

3. 教師安排體育課教學內容時,應考慮學生生理負擔量,最高心率不要超過 180 次／分鐘,最佳生理負擔量的心率值為 130～150 次／分鐘;

4. 做好整理放鬆運動;

5. 有內臟器官疾病、代謝障礙疾病和運動器官傷病者不能參加體育課正常教學;

6. 在進行正常體育教學時,學生如出現有生理不適症狀,如胸悶、心絞痛、眩暈、呼吸急促、哮喘、極度疲勞等,應立即停止運動,採取相應措施,去醫院檢查;

7. 教師叮囑學生在練習過程中，如感到體力不支，或當天生病身體不適，應量力而行，控制好運動量（包括距離、時間等）；

8. 教學中如果出現運動傷害，教師立即組織進行救治工作，通知醫護人員和教學管理部門。

第二節　板球常見傷病與醫務監督

一、板球常見傷病與處置方法

(一) 擦　傷

1. **原因**：皮膚被粗糙物摩擦或受到外力摩擦，則引起表面損傷，造成擦傷。運動時摔倒是常見原因。

2. **症狀**：傷處皮膚被擦破或剝脫，有小出血點和組織液滲出。

3. **處置**：創口較淺、面積小的擦傷，可用清水沖洗創口，創口周圍用醫用酒精消毒，局部擦以紅汞或紫藥水，無須包紮，讓其暴露在空氣中待乾後即可。大面積擦傷，創口中若有細沙等異物時，要用生理鹽水沖洗乾淨後再消毒包紮。若創口較深、受到污染，務必到醫院，應用抗菌素等治療。關節部位擦傷，一般不要裸露治療，否則容易乾裂而影響運動，一旦感染，容易波及關節。處理時，可在創面上塗抹消炎軟膏。

(二)單純性挫傷

1. 原因： 運動中相互衝撞，被踢打或身體碰擊在器械上，身體某部皮下組織受損，但其他器官未受損傷，為單純性挫傷。最常見的是四肢的挫傷。

2. 症狀： 皮膚和皮下組織（包括皮下脂肪、肌肉、關節囊和韌帶）挫傷，輕者局部有疼痛、腫脹、壓痛和功能障礙，重者由於局部細胞遭到破壞，組織內的小血管破裂、出血，而出現組織內血腫或淤斑。如果淋巴管發生損傷性阻塞，滲出液不能及時運走，還會形成水腫，疼痛進一步加劇。

3. 處置： 局部冷敷（冷袋）可以鎮痛和減輕炎症。外敷新傷藥常可達到止痛和減輕炎症的效果。如局部紅腫顯著，可同時服用清熱、活血、化淤的中藥。若出血較多，必須送醫院進行治療。

(三)撕裂傷、刺傷和切傷

1. 原因： 同屬開放性創傷。撕裂傷因受鈍物打擊引起，以頭面部為多見，如眉弓被撞引起眉際撕裂等。刺傷是尖細物刺入身體，如田徑中被釘鞋或標槍刺傷。切傷是因銳器切入皮膚所致，如滑冰時被冰刀切傷。

2. 症狀： 撕裂傷傷口邊緣不整齊，組織損害廣泛。刺傷傷口細小，但較深，可能傷及深部組織或器官，出血少，細菌不能被沖出，容易引起感染。切傷傷口邊緣整齊，多呈直線，出血較多，深的切傷可切斷大血管、神經、肌腱等組織。

3. **處置：**若創口較小，以消毒處理後，用創可貼粘合即可。若創口較大，馬上撥打急救電話，或將患者送往最近醫院急救。同時進行止血、防止傷口污染、預防感染、抗休克。傷情和污染較重時應注射破傷風針，並結合抗菌素治療。胸腹部受傷，非常嚴重，除馬上叫急救車外，儘量不要動傷口上的任何東西，這樣做可能會導致大出血，危及生命。同時不要給傷者吃、喝任何東西（包括水）。鼓勵患者，增強信心。

(四)肌肉拉傷

1. **原因：**由於準備活動不充分，訓練水準不夠，疲勞或負荷過重，技術動作不正確，用力過猛時，肌肉猛烈的主動收縮，或突然被動拉長，都可發生拉傷。輕者肌肉損傷，重者肌纖維斷裂。

2. **症狀：**傷部疼痛、腫脹、壓痛、肌肉緊張或痙攣，觸之發硬，功能障礙。受傷肌肉收縮或拉長時，疼痛加重。如係肌肉斷裂者，受傷當時可感到或聽到斷裂聲，局部可觸到凹陷或一端異常膨大。

3. **處置：**停止運動，24 小時內冷敷、加壓包紮、抬高傷肢，可幫助止血、防腫、鎮痛、減輕炎症。24 小時後可在傷部作輕推摩，按摩，點壓傷部周圍的穴位。對肌肉、肌腱完全斷裂者，局部加壓包紮，固定患肢後，立即送醫院手術縫合。

4. **預防：**充分做好準備活動，加強易傷部位肌肉的力量和柔韌性練習，合理安排運動量，糾正動作和技術上的缺點。

(五)踝關節扭傷

1. 原因：跑跳運動時，如果落地姿勢不正確，身體重心不穩，向一側傾斜，或踩在高低不平的地面上，足的前外側著地，導致外側副韌帶損傷；踝關節外翻，會導致內踝韌帶損傷。

2. 症狀：受傷時感到一陣發熱，有撕裂感。受傷部位疼痛、腫脹、活動受限，行走困難或跛行。重者足背與踝部有皮下淤斑，且局部壓痛明顯。

3. 處置：傷後立即給與冷敷，加壓包紮，抬高患肢，固定休息，外敷新傷藥。重者將受傷部位固定於韌帶鬆弛位，不要行走，如果劇痛，疼痛持續，嚴重腫起，應找醫生治療。24 小時內不要熱敷。受傷 24 小時之後，熱敷受傷部位或間歇性浸泡熱水中，每次幾分鐘，並可在踝關節周圍用輕的推摩、揉、捏、切、理筋等手法按摩。點壓崑崙、太谿、懸中、三陰交等穴位。亦可配合理療和針灸治療。

4. 預防：充分做好準備活動，加強力量練習，提高踝部肌肉和關節的力量、穩定性。易傷者，運動時應戴保護支持帶。

(六)急性腰扭傷

1. 原因：缺乏準備活動，進行轉身、彎腰、騰空時，軀幹肌肉發生不協調收縮或腰部受到外力的作用而超過正常生理運動範圍，或者軀幹肌肉力量不足，勉強提取過重負荷，或姿勢不正確，均可引起腰扭傷。

2. **症狀**：較輕的受傷時無疼痛感，運動結束後或次日晨間起床時才感到疼痛；重的在受傷瞬間即會感到劇烈疼痛，腰部活動受限。腰肌拉傷，軀幹側屈會疼痛；棘間韌帶損傷，脊柱後伸會很疼痛；小關節扭傷，脊柱向各個方向運動都會疼痛；小關節輕度絞鎖，腰部突然不能活動；骶髂關節扭傷，不能彎腰，坐位患側臀部不敢持重。一般有較明確的壓痛點。

3. **處置**：一般需臥板床休息，腰後墊上一小枕頭，使肌肉、韌帶處於鬆弛狀態。可選用按摩、針灸、封閉、外帖膏藥等方法治療。

4. **預防**：做好充分的準備活動，提高肌肉力量和協調性，注意用力姿勢、避免錯誤用力，避免在疲勞情況下練習過重力量。

(七)中　暑

1. **原因**：板球是一項在較熱的環境裏進行的中到高強度的活動，持續時間也較長，容易引起運動員中暑。溫度過高，體內熱量蓄積過多，大量出汗，電解質平衡紊亂，引起體溫過高，血液循環不暢。在炎熱的夏天長時間運動，濕度過大，服裝散熱差，疲勞，有病，缺乏飲水和頭部直接受烈日照射等情況下，容易發生中暑。

2. **症狀**：頭暈頭痛，煩躁心慌，全身無力，口渴舌乾，噁心，大量出汗，是中暑先兆。如不及時處理，則發高熱，顏面潮紅，皮膚灼熱，無汗，嘔吐，步態蹣跚，昏倒。嚴重脫水者面色蒼白，皮膚冷濕，脈弱，神志恍惚，甚至昏迷。

3. **救治**：有中暑先兆時，病人應迅速到蔭涼處休息，喝些清涼飲料，高熱病人，還要安靜仰臥，頭部墊高，鬆解衣服，扇風，頭部冷敷，溫水擦身。如有昏迷，可刺激急救穴，並迅速送往醫院。

4. **預防**：在夏季運動時，穿淺色、單薄、寬敞服裝，準備好解熱清暑的冷飲料。室內運動注意通風，烈日下鍛鍊應戴遮陽帽，運動時間不宜過長，且最好在早晚進行。有病時不鍛鍊。

(八)脫　水

1. **原因**：運動時間過長，天氣過熱，出汗過多，可能會使身體內水分大量流失，導致嚴重脫水。

2. **症狀**：最常見的症狀是極度口渴，疲勞無力，頭暈目眩，腹部或肌肉痙攣。

3. **救治**：將病人緊急移到蔭涼的地方。給患者喝水、釋放了氣體的汽水、運動飲料、電解水或湯，不要喝有刺激的咖啡飲料等。出現有下列任何嚴重脫水的症狀，趕快撥打當地急救電話，或緊急送往醫院：嘔吐或腹瀉、癲癇發作、脈搏過快或微弱、呼吸急促、眼窩下陷、眼睛發乾、手指、腳趾起皺紋。

4. **預防**：長時間運動中要及時補充水或運動飲料。

(九)低血糖症

1. **原因**：長時間劇烈運動時，體內血糖大量消耗和減少，如果肝糖元儲備不足，不能及時補充血糖的消耗，血內葡萄糖降低，可產生低血糖症。

2. **症狀**：病人感到非常饑餓，疲乏無力，頭暈，心悸，面色蒼白，出冷汗。嚴重者可出現神志模糊，語言不清，精神錯亂（跑錯方向），躁動不安，驚厥，甚至昏迷。

3. **救治**：使病人平臥，保暖，神志清醒的可給他喝糖水，並吃少量食品，一般短時間後即可恢復。若昏迷，可掐點急救穴，並迅速請醫生來處理。

4. **預防**：平時沒有鍛鍊基礎的學生或有病的學生，或者在空腹饑餓的時候，不要參加長時間的劇烈運動。運動時應準備一些含糖的飲料，供運動員飲用。

(十)暈　厥

1. **原因**：疾跑後立即站立不動，長時間站立或下蹲稍久驟然起立，吸氣後憋氣使勁，會使腦部一時血液供應不足而發生暫時性知覺喪失的現象，發生暈厥。

2. **症狀**：暈厥前，病人感到全身軟弱、頭昏耳鳴，眼前發黑，面色發白；暈厥時，病人失去知覺，突然昏倒，面色蒼白，手足發涼，脈搏慢而弱，血壓降低，呼吸緩慢；輕度暈厥可隨時腦貧血消除而清醒過來，但醒後精神不佳，仍有頭暈。

3. **救治**：使病人平臥，足部略抬高，頭部放低，鬆解衣領，自小腿向大腿做重推摩和用手揉捏。如不蘇醒，可掐點人中穴，並迅速請醫生來處理。如呼吸停止，應做人工呼吸。如有嘔吐，應將病人的頭偏向一側。在知覺未恢復以前，不能給任何飲料或服藥。

4. **預防**：久蹲後不要驟然起立，要慢慢起來。當有暈

厥前兆時，應立即俯身低頭，以免昏倒。疾跑後不要立即站立不動，應繼續慢跑，並做深呼吸。提槓鈴前不要深吸氣。

二、板球醫務監督

板球是一項在較熱的環境裏進行的中到高強度的活動，持續時間也較長，容易引起運動傷病，因此，在教學當中有必要對學生進行醫務監督，防患於未然，第一時間發現危險因素和徵兆，讓傷病的危害性降低到最小。

1. 熱疲勞的醫務監督

如果學生有受熱傷的症狀：心跳加快、頭暈、技巧性變差、困惑、噁心、皮膚發涼、比平時蒼白、少尿、抽筋（伴隨脫水），就是熱疲勞或中暑，應採取下列措施：將其從運動場地移到蔭涼處，讓其喝冷水，脫掉他的濕衣服，泡涼水澡或沖涼為其降溫，將冰袋或濕毛巾放到腹股溝和腋窩上。用扇子或毛巾扇風，加強空氣的流通。

2. 運動損傷的醫務監督

充分做好準備活動，加強易傷部位肌肉的力量和柔韌性練習，合理安排運動量，糾正動作和技術上的缺點。提高肌肉力量和協調性，注意用力姿勢、避免錯誤用力，避免在疲勞情況下練習過重力量。易傷者，運動時應戴保護支持帶。

3. 戶外運動的醫務監督

在夏季烈日下運動時，應戴遮陽帽，運動時間不宜過長，穿淺色、單薄、寬敞服裝，準備好解熱清暑的冷飲料。注意休息，運動應在陰涼處，要及時補充水或運動飲料，注意降溫。冬季運動時，注意多穿衣服，注意保暖，

戴合適的帽子和手套，防止耳、手、腳的凍傷，擊球時要戴手套，球過硬時使用軟球或網球。

4. 學生當天有病時，不得參加教學活動和運動。

5. 平時沒有鍛鍊基礎的學生，或者在空腹饑餓的時候，不要參加長時間運動。

三、急救常識

(一)出血的急救

運動時，因受傷可造成出血。如果傷患出血量較大，可引起乏力、頭暈、面色蒼白、心跳加快、休克、甚至死亡，因此，對出血的傷患，必須立刻急救，早期給予止血。

止血方法：

1. **冷敷法：**對於急性閉合性軟組織損傷，可用冷敷法使血管收縮、減少局部充血。一般用冷水或冰袋敷於損傷局部，可止血、止痛、防腫。

2. **抬高傷肢法：**適用於四肢小靜脈或毛細血管出血的止血，抬高傷肢高於心臟 15～20°角左右。常為加壓包紮法的輔助方法。

3. **加壓包紮法：**適用於小靜脈和毛細血管出血的止血，用消毒的敷料蓋好傷口，以繃帶加壓包紮。

4. **指壓法：**用手指把動脈壓在相應的骨面上，阻斷血液的來源，可暫時止住動脈出血。

(二)骨折的急救

運動時，因暴力撞擊，或衝力傳導，可引起骨折。骨折後，活動受傷肢體時可引起劇烈疼痛，局部出血和腫脹，形成皮下淤斑，骨折處有敏銳的壓痛，出現功能障礙。

骨折是一種嚴重的運動損傷，急救時必須遵守如下原則：

1. **防止休克**。嚴重骨折，傷患易發生休克，若有休克，先抗休克，再處理骨折。

2. **先止血再包紮傷口**。如傷口出血，先止血，再包紮傷口並固定。

3. **就地固定**。及時固定骨折處可避免斷端移動，防止損傷加重，減少疼痛，便於傷患轉動。未經固定，不可隨意移動傷患。固定的夾板長短、寬窄要適宜，使骨折處上下關節都固定。

4. **儘快送醫院**。經固定後儘快將傷患送到醫院，爭取及早整復治療。

(三)抗休克

運動損傷時，由於劇烈疼痛和大量出血，如骨折、脫位、嚴重軟組織損傷、睪丸挫傷等，可引起周圍血管擴張，使有益循環血量相對減少，或心臟病、疲勞、饑餓、嚴寒、酷暑等，均可能造成休克或加重休克程度。

症狀：休克病人表情淡漠，反應遲鈍，面色蒼白，口唇和肢端發紺，四肢冷，出冷汗，脈細，血壓下降，嚴重時病人昏迷，甚至死亡。

急救：

1. 迅速與醫院聯繫，或將病人送到醫院；

2. 使病人平臥，用言語安慰與鼓勵；

2. 換掉潮濕運動服，防止散熱過快，注意保暖；

3. 神志清醒的病人，可給適量的鹽水；

4. 有開放性損傷，及時止血、包紮、固定；

5. 有劇烈疼痛的病人，可以吃點止痛藥；

6. 昏迷病人，注意保持呼吸道通暢，必要時把舌牽出；

7. 昏迷病人，可掐點人中、百會、內關、湧泉、合谷等急救穴位。

(四)心肺復甦

在一些體育運動的嚴重意外事故中，如外傷性休克，可能出現呼吸或心跳驟停，如不及時搶救，傷患可能會很快死亡。人工呼吸和胸外心臟按壓是心肺復甦初期最主要的措施。

1. 人工呼吸

最常用的為口對口人工呼吸法。

使病員仰臥，鬆開領口、褲帶和胸腹衣服，清除口腔內異物，把患者口打開蓋上一塊紗布。急救者一手置於病人前額，使其頭部後仰，捏住病人鼻孔，另一手托起患者下頜，然後深吸氣，張嘴套住病人的嘴，緊貼往裏吹氣，吹氣後立即鬆開捏住鼻孔的手，如此反覆進行。每分鐘吹氣 16～18 次，直到患者恢復呼吸為止。

2. 胸外心臟按壓

由胸骨下端間接壓迫左右心室腔，使血流入主動脈和肺動脈，建立有效的大小循環。

使患者仰臥，急救者跪在患者胸部旁邊。急救者一手掌根部置於患者胸骨的中、下三分之一交界處，另一手交叉重疊於其手背上，肘關節伸直，充分利用上半身的重量和肌肉力量，有節奏地帶有衝擊性地垂直按壓胸骨使之下陷3～4公分。每次按壓後隨即迅速抬手，使胸部復位，以利於心臟舒張。此時操作者手根部不得離開胸部。如此力量均衡，位置固定，有節奏地反覆進行。速率為每分鐘60～80次。直至出現自主性心跳為止。

對呼吸心跳均停止的人，應同時進行上述兩種急救措施，最好由兩人配合進行，一人做人工呼吸，一人做胸外心臟按壓，兩者操作頻率之比為1：4。

進行心肺復蘇時，急救一經開始，就要連續進行，不能間斷，直至傷患恢復自主呼吸、心跳為止。在搶救的同時，應迅速派人請醫生來處理。

附　錄
板球專業術語中英文對照表

一、場地術語

英　文	中　文	注　解
Bowling crease	投球線	投球線的後沿穿越樁門的中央，其長度為 2.64 公尺，樁門置於線的中央
Popping crease	擊球線	在投球線前面 1.22 公尺並與其平行
Return creases	返回線	返回線的內沿須與擊球線成一直角，並與設想兩樁門中軸線的距離為 1.32 公尺
Pitch	球道	用於擊球和投球的長方形區域
Field of play	賽場	邊界線內的所有範圍
Square	中央賽場	指球場內一塊特別準備的區域，比賽的球道在其內
Inside edge	線內沿	指最接近樁門一邊，線的邊沿
Behind stumps and creases	樁門線後	指球道上樁門和投球線之後的地區
Before stumps and creases	樁門線前	指球道上樁門和投球線之前的地區
A batsman's ground	擊球員區／擊球員領地	球道兩端擊球線之後的範圍
In front of the line of the striker's wicket	擊球員樁門前線	樁門前擊球線向兩端延伸至邊線
Behind the wicker	樁門後	兩端樁門後的設想範圍，兩條邊線設想為向場邊延伸
Behind the wicker-keeper	守樁員後	樁門後守樁員站位後，與兩組樁門成一條直線

二、器材術語

英　文	中　文	注　　解
Ball	球	
Seam	球縫	
Bat	球板	
Bat–English willow	英國柳木球板	
Bat–Kashmir willow	克什米爾柳木球板	
Bat–Short handle	短把球板	
Bat–Long handle	長把球板	
Batting gloves	擊球員手套	
Batting gloves–Inner	擊球員手套內襯	
Leg guards	護腿	
Protects	護具	
Armguard	護臂	
Thigh guard	大腿護套	
Inner thing guard	護襠	
Chest protector	護胸	
Helmet	頭盔	
Bails	小橫木	樁門頂端的小木條
Stumps	樁門柱／樁子	
Wicker	樁門	包括底座、樁樁及其頂端兩個小橫木

三、投球術語

英　文	中　文	注　　解
Bowl	投球	
Bowler	投手	
Fast bowling	快投	
In swing	內旋球	
Out swing	外旋球	
Run up	助跑	
Follow through	跟隨	
Leg spin	用手腕轉球	
Off spin	用手指轉球	
Delivery arm	投球手臂	
Delivery swing	投球擺臂	投手投出球時的臂部動作
Bowling posture	投球姿勢	
Loop and flight	空中旋轉	
Grip	持球／握法	
Off stump	遠樁柱	
Mid stump	中樁柱	
Leg stump	近樁柱	
Appeal "How is that"	上訴「怎麼判」	
Opening bowler	開球投手	
All rounder	全能球員	同時具備投球和擊球兩項專業技能的球員
Twelfth player	候補球員	
Hat-trick	帽子戲法	投球手連續 3 次將 3 名擊球員淘汰下場
All out	全出局	一方球隊的 10 名擊球隊員均被淘汰

四、接球及守樁術語

英　文	中　文	注　　解
Catch	接球	
Field	防守	
Throwing	傳球	
Underarm throwing	下手傳球	
Crow hop	烏鴉跳	
Defensive fielding	防禦式防守	
Attacking fielding	攻擊性防守	
Leg side	擊球員身後	
Off side	擊球員身前	

五、擊球術語

英　文	中　文	注　　解
Bat	擊球／準備擊球	
Batter	擊球員／擊球手	
Striker	擊球員	
Non striker	副擊球員／非擊球員	
Grip	握法	
Stance	站姿	
Back lift	後提板	
Front foot defense	前跨防守	
Front foot leg glance	前跨後掃	
Front foot drive	前跨擊球	
Straight drive	正直擊球	向對面樁門方向直線擊球

續表

英　文	中　文	注　解
Off drive	斜前方擊球	向擊球員身體正面斜前方擊球
Cover drive	中前方擊球	向擊球員身體正面前方擊球
On drive	斜後方擊球	向擊球員身體後面斜前方擊球
Sweep shot	橫掃	
Back foot defense	後跨防守	
Cut shot	切球	球擊向擊球員站姿時身體的前方
Pull shot	拉球	球擊向擊球員站姿時身體的後方
Hook shot	鉤球	球擊向擊球員站姿時樁門的後方
Golden duck	金鴨子	第一次投球就被淘汰的擊球員
Century/ton	百分	擊球員個人得分達 100 分，即為一個 century 或 ton
Opening batter	開球擊球員	
Night watchman	守夜者	比賽將結束前上場的二流擊球員
Twelfth Player	候補隊員	
Pad up	著裝準備上場	隊長讓一個或多個選手穿好護具，準備擊球
Take guard	擊球前取位	當擊球員到達擊球線時，首先要標出中間樁門，在球道上做標記，以此來調整擊球員與球的方向，使其一致
Order	出場次序	教練員通常會決定擊球員的上場順序

六、裁判術語

英　文	中　文	注　　解
Over	回合	每 6 個有效投球即稱一個回合
Innings	局	
Maiden Over	不得分回合	一個回合投 6 個有效投球，擊球方未得分
No ball	無效球	無效球，對方得 1 分，重新投球
Wide ball	寬球	球未投到規定區域，對方得 1 分，重新投球
Dead ball	死球	
Out	出局	擊球員被淘汰
Bye	未觸球跑分	球越過擊球員時，未接觸到其球板和其身體，但球又非無效球或寬球，此時的跑動得分為 Bye
Leg bye	觸球跑分	擊球員未擊到球，身體碰到球，擊球員及副擊球員跑動後得分
Boundary 4&6	邊界 4 分及邊界 6 分	擊出的球從地面滾出邊界線以外得 4 分 擊出的球從空中直接飛到邊界線以外得 6 分
Bowled	投殺出局	投手擊中椿門
Caught	被接殺出局	擊球員擊出的球被防守隊隊員接住
Hit wicket	自擊椿門	球在被擊後或從身上滾過碰到椿門，球板或身體某一部分碰到椿門
LBW–Leg before wicket	LBM 出局	球、擊球員的腿及椿門成一直線，球在碰到椿門之前碰到擊球員的腿，擊球員被淘汰下場
Stumped	被守椿員砸椿出局	擊球員越過擊球位置，球被對方守椿員接住並用球將椿門擊倒
Run out	跑動中被砸椿出局	擊球員跑動得分時，未能歸位，椿門被防守隊員擊倒

續表

英 文	中 文	注 解
Rusn	得分／跑動得分	
Extras	額外加分	
Overthrows	過度傳球得分	防守球員將球傳向任意一側的樁門，球未被接到，擊球方由此得到的額外得分
Duck	零分／不得分	擊球員擊球未得分（被要求退場）
Handle the ball	手觸球	擊球員用手觸球
Obstruct the field	阻擋球員防守	
Call of play	宣布比賽開始	
Call of time	宣布比賽停止	
Time	時間到／比賽結束	

國家圖書館出版品預行編目資料

板球基礎教程／劉靜民　主編
——初版，——臺北市，大展，2010〔民98.02〕
面；21公分 ——（體育教材；3）
ISBN　978-957-468-732-9（平裝）

1.球類運動　2.體育教學
528.959033　　　　　　　　　　　　98023092

板球基礎教程

ISBN 978-957-468-732-9

主　　編／劉 靜 民
審　　定／中國板球協會
責任編輯／李 彩 玲
發 行 人／蔡 森 明
出 版 者／大展出版社有限公司
社　　址／台北市北投區（石牌）致遠一路2段12巷1號
電　　話／（02）28236031 · 28236033 · 28233123
傳　　眞／（02）28272069
郵政劃撥／01669551
網　　址／www.dah-jaan.com.tw
E - mail／service@dah-jaan.com.tw
登 記 證／局版臺業字第2171號
承 印 者／傳興印刷有限公司
裝　　訂／建鑫裝訂有限公司
排 版 者／弘益電腦排版有限公司
授 權 者／北京人民體育出版社
初版1刷／2010年（民99年）2月

定　價／400元

大展好書　好書大展

品嘗好書　冠群可期

大展好書　好書大展
品嘗好書　冠群可期